人工智能背景下大学生创新创业实践研究

龙明慧◎著

电子科技大学出版社
University of Electronic Science and Technology of China Press
· 成都 ·

图书在版编目（CIP）数据

人工智能背景下大学生创新创业实践研究 / 龙明慧
著 . — 成都：电子科技大学出版社，2023.9
ISBN 978-7-5770-0519-5

Ⅰ . ①人… Ⅱ . ①龙… Ⅲ . ①大学生—创业—研究
Ⅳ . ① G647.38

中国国家版本馆 CIP 数据核字（2023）第 158564 号

内容简介

我国人工智能专业建设已经进入高速发展期，由于发展时间较短，当前人工智能专业人才培养存在课程建设不完备，学生创新精神不足、动手能力差等问题。由于人工智能和创新创业都体现了高度的社会融合特性，因此本书对创新创业驱动的人工智能拔尖人才培养路径进行探究，旨在引导学生走出课堂，在创新创业实践活动中提升动手能力，加深对所学知识的理解，并培养勇于解决问题的创新精神，为国内人工智能人才培养提供借鉴。本书以智能时代对教育的影响为主线，主要讲述了人工智能与大学生创新创业教育、人工智能创新创业思维变革、人工智能背景下大学生创新创业教育模式的意义、人工智能技术创新与创业伦理等内容。

本书以优化知识结构、培养解决问题的能力为出发点，以实施素质教育、培养学生具有新一代人工智能应用意识为目标，以培养学生创新精神、创业能力为重点，以企业人才需求构建新的知识体系为主线；旨在让人工智能为创新创业赋能，让创新创业为人工智能增智，通过前沿知识体系和创新教学方法，为培养高质量人工智能创新创业人才服务。

人工智能背景下大学生创新创业实践研究
RENGONG ZHINENG BEIJING XIA DAXUESHENG CHUANGXIN CHUANGYE SHIJIAN YANJIU
龙明慧　著

策划编辑	于　兰　雷晓丽	
责任编辑	于　兰	

出版发行　电子科技大学出版社
　　　　　成都市一环路东一段 159 号电子信息产业大厦九楼　　邮编　610051
主　　页　www.uestcp.com.cn
服务电话　028-83203399
邮购电话　028-83201495

印　　刷　武汉佳艺彩印包装有限公司
成品尺寸　185mm×260mm
印　　张　11.5
字　　数　238 千字
版　　次　2024 年 1 月第 1 版
印　　次　2024 年 1 月第 1 次印刷
书　　号　ISBN 978-7-5770-0519-5
定　　价　60.00 元

　　大众创业、万众创新已经成为新时代响亮的口号，如何响应国家对创新创业的号召，推动高等教育进一步发展成为高校必须考虑的内容。为充分发挥人工智能时代对大学生创新创业教育的价值优势，本书从创新创业教育相关概念的阐述入手，对人工智能时代大学生创新创业教育现状进行了全方位、深层次的剖析，并在此基础上全面深入地探究了人工智能时代大学生创新创业教育的改革策略。

　　人工智能是具有头雁效应的创新技术，是推动社会进步的创业力量，不仅给人类生产生活带来了机遇和挑战，也为新事业创立和新价值创造开辟出广阔空间。因此，创新创业者有必要了解人工智能所代表的数字经济时代的重要特征，及时跟进和认识人工智能嵌入下的创新创业实践的最新变化，从而更好地开展人工智能与创新创业相融合的前沿探索。

　　为了采撷人工智能硬技术与创新创业软思想碰撞出的火花，激发创新创业者拥抱人工智能、激活人工智能的创新创业价值，本书以人工智能创新创业为主题，通过八章内容呈现人工智能创新创业的基础知识、实践探索和问题反思。

　　本书的设计特色主要体现在以下五个方面。

　　一条主线——紧扣人工智能与创新创业融合的主线。

　　二元属性——兼顾人工智能的数字技术属性与创新创业的经济管理属性。

　　三层定位——整合学科交叉的理论定位、情境不确定性的实践定位、服务社会的价值定位。

　　四个面向——遵循面向科技前沿、面向经济战场、面向国家重大需求、面向人民生命健康的指向。

　　五大模块——一是基础模块，谋融合；二是主体模块，强领导、守伦理；三是行动模块，建生态、塑思维、设模式、重精益；四是环境模块，拓区域、善治理；五是展望模块，育人才。

　　目前，创新创业课程多以公共选修课或通识课程的形式游离于专业课程体系之外，作为零星点缀，这部分课程大多是为学生普及一些创业的基本知识。而在实质性的创新创业教学中，也只能通过个别案例来开展。完善的、有层次的创新创业教育课程体系的构建是严重缺乏的。课程是教学活动的基本载体，建立和推行系统化的创新创业教育课程是开展创新创业教育的基础。在人工智能导论课程教学中，在掌握人工智能基本理论与方法的同时，将人工智能技术与创新创业教育结合，使学生在理解和掌握人工智能技术的同时，也对人工智能发展现状和趋势有清晰的认识，并能够从人工智能多学科交叉知识体系中获得灵感，培养创新思维和能力，达到创新创业教育的目的。

不论是人们的日常生活、工作，还是各行业的发展趋势，都在印证人工智能时代的到来。创新与创业作为国家关注的焦点，若是以人工智能为导向对其进行优化创新，这不仅是对高校创新与创业教学的改革，而且是促进人工智能发展的又一举措，对满足社会的用人需求也有着重要的现实意义。

人工智能创新创业是全新的前沿交叉课题。实践在不断迭代更新，理论仍在探索完善，欢迎大家对本书提出宝贵的意见和建议，期待与您共同探讨人工智能创新创业的新问题和新主张，携手推动我国人工智能创新创业人才培养。

在全书的撰写过程中，作者参考和借鉴了大量国内外相关专著、论文等理论研究成果，在此，向他们致以诚挚的谢意；同时，由于时间仓促、作者能力有限等，书中疏漏之处在所难免，恳请专家、读者批评指正。

目　录

第一章 走进智能时代

第一节 认识人工智能与智能时代

2016 年，AlphaGo（阿尔法围棋）打败了韩国围棋高手李世石，美国白宫发布了《国家人工智能研究与发展战略计划》，微软、谷歌、IBM、亚马逊等组成了超级人工智能联盟。而特斯拉旗下的 Model X 汽车凭借自动驾驶功能，将一位驾驶途中突发肺栓塞的车主准确送到了医院。

最近几年，人工智能获得了更为突出的进展。在 2019 年的网络春晚上，几位央视主持人携手自己的"孪生"人工智能主播一起完成了主持，连撒贝宁都感慨，正在直面自己的未来职业危机。

2019 年两会期间，新华社推出的首款人工智能合成主播"新小萌"，吸引了不少观众的注意。其生动的表情、端庄的仪态、亲和的声音，让很多人都不敢相信，这竟然是个虚拟人物。与此同时，《人民日报》也推出了自己的人工智能虚拟主播"果果"。在系统中输入文字稿几分钟后，"果果"就能流畅地将新闻播报出来。

如果我们继续往"前"看，还能看到人工智能的历史线索。

在 2500 多年前的《偃师造人》故事里，周穆王巡游天下时，有一位"机械舞者"不但舞跳得好，还会用眼神"勾引"穆王的妃子。周穆王看到如此逼真的人偶后愤怒不已，认为下属用真人欺骗自己。下属立刻打开了"舞者"的胸膛，展示给周穆王看，只见里面有复杂的物理结构，用木头和毛皮制作的各种器官，挂在对应的钩子上。

人类对于人工智能探索的证据，延续了上千年，一直都有迹可循。那么，陌生又是怎么回事呢？

最近几年，我们听过无数关于人工智能的威胁言论。这些言论，套路都差不多：

先是取代人类工作，然后取代部分人类，最后毁灭人类。

这些不靠谱的言论让大众对人工智能的理解越来越"偏"，也越来越陌生。就好像人类对于科学探索的意义，最后却是为了消灭自己。为什么科幻电影中那些美好的向往，都与我们的现实背道而驰呢？

对此，我们需要明确一个现实：

人类的复杂程度，远超人工智能上万倍。至今为止，人类对于自身的了解还远远不够，更不要说创造一个大幅超越人类的人工智能系统。短时间来看，有关人工智能取代人类的忧虑，确实有些可笑和多余。

但是，我们还是需要对人工智能保持重视。毕竟，人工智能已经成为产业变革和科技创新领域的头部力量，理解并认识它，能够让我们的生活更美好。

一、人工智能不只是机器人

在谈及人工智能之前，大家首先要明白一些人工智能的基本概念。

我们先用一句话解释一下人工智能的含义：人工智能就是让计算机完成人类心智能做的各种事情。

为了更好地理解人工智能，我们把它粗略地分为三个等级：弱人工智能、强人工智能和超人工智能。下面我们来依次理解一下这三个词。

1. 弱人工智能

弱人工智能是一种擅长处理单方面工作的人工智能系统，它们只专注于完成某个特定的任务，例如图像识别、语言识别和文字翻译等。

弱人工智能主要是用于解决特定的具体类的任务问题，大部分与统计数据相关，以此从中归纳出模型。由于弱人工智能擅长处理较为单一的问题，且发展程度并没有达到模拟人脑思维的程度，因此弱人工智能仍属于"工具"的范畴，与传统的"产品"在本质上并无区别。

比如工厂流水线上的机械臂，它们可以不知疲倦、快速并准确地完成工作目标；再比如名声大噪的 AlphaGo，能够打败人类围棋高手。

2. 强人工智能

如名字所言，强人工智能是可以比肩人类或超过人类的人工智能系统。它能够进行思考、计划、解决问题、抽象思维、理解复杂理念、快速学习和从经验中学习等操作，并且和我们人类一样得心应手。

强人工智能的目标，是使机器在非监督学习的情况下，处理前所未见的细节，并同时与人类开展交互式学习。在强人工智能阶段，由于系统能力已经可以比肩人类，同时也具备了"人格化"的基本条件，因此机器可以像人类一样独立思考和决策。

不过，目前还不用担心。这个程度的人工智能，我们还造不出来。如果一定要找一个例子，可以参照一些科幻影片。比如，《机械姬》里面的艾娃和《人工智能》里的小男孩大卫。

3. 超人工智能

超人工智能在所有的领域都比人类更强，包括智力和寿命。目前，超人工智能还存在于科学家的假设之中，它也是很多科幻电影的素材来源。

注意，我们不要偏颇地认为人工智能就是机器人，这是错误的。

我们广义上所说的人工智能是指能力，而不是设备。机器人只是一种人工智能的表现方式，因为机器人表达得更加明显一些，这种形式人类能够用眼睛直接感觉出来。而另一种体现方式则是软件，不过因为人工智能软件体现得没有机器人那么明显，所以造成了很多人认为人工智能就是机器人，机器人就是人工智能这样的错误理念。

二、人工智能铁三角：算力、算法与数据

人工智能系统由两个主要的技术构成，即前端的交互入口与后端的人工智能技术。让我们先了解一下前端的交互入口。

首先要提到的就是自然语言的处理能力。人类的交流主要依靠的是语言。汉语、英语、法语等各种语言体系，不仅字符和读音不同，就连语法体系和表达习惯也大相径庭。

过去，我们与计算机交流的方式是键盘、鼠标和触摸板，这些通通属于机器语言的范畴。而在人工智能时代，第一个要完成的就是自然语言的处理。简而言之，就是让机器能够直接听懂人说的话。

其次，是体感交互。除了语言之外，人类的肢体动作也是交流的重要组成部分。抬手、转头和迈腿等肢体动作，往往能够传递出人类更为真实的想法。建立体感交互系统，可以帮助人工智能更全面地理解人类的思想，也是最方便的一种交互方式。

当前，体感交互主要应用于游戏领域，索尼的 Move、任天堂的 Wii 等都是非常受欢迎的体感游戏设备。这足以说明用户对于体感交互是天然接受的，而且认为这是人和机器最自然的交互方式。在可见的未来，体感交互能应用于更多的领域，包括残障人士的人机交互、智慧医疗领域的病症识别，以及仿真机器人的模拟训练等。

最后，是图像处理和视觉识别。对于交互机器人来说，图像识别的技术让一些弱人工智能功能得以实现。除了简单的图片辨别之外，我们所熟悉的自动驾驶，以及辅助类机器人都需要这一技术。有了这项技术的加持，机器人就能够像人类一样参与环境的互动，实现躲避、绕行、距离跟随和范围警示等功能。

前端交互技术一直被业界称为人工智能的入口，并占据非常重要的地位，也是各个人工智能企业争夺的高地。一个人工智能系统如果拥有的入口越多，获得的学习机会就越多。那么，它在下一次执行相关指令时，就会比其他系统更加"熟练"和"聪明"。

从另一个角度上看，这也是技术领域的一种雪球效应，参与越早，入口越多，获取的用户也就越多。大量的用户反馈可以快速地帮助人工智能系统进行深度学习和快速改造，优势也最终将会体现在产品层面，赢得更多的市场青睐。

入口的背后，则是人工智能的核心技术。想要抢占市场先机，只有入口肯定是不够的，还需要企业将入口汇聚而来的数据进行消化和再加工。

核心技术里，第一个要素便是算力。

人类的各种行为，都依托于人脑计算后发布的指令。大脑中的每个神经元都是一个非常复杂的非线性处理系统，如果把每个神经元当作一个核心，那么大脑就是一个拥有 1000 亿个核心的 CPU（中央处理器）系统，它构成了人类大脑的主要意识。

人工智能想要达到与人类相同的行为水平，自然也需要超强的运算处理能力。幸运的是，我们不必再花巨资去建造算力，而可以通过支付一定费用，购买或者租用大公司的算力服务。

第二个要素是算法。

算法是计算机特有的一种处理问题的逻辑，即解决某个问题的计算方法与步骤。在某个特殊的场景里，计算机只有按照对应的算法，才能够解决某个特定的问题。

现在，许多大企业都公开了自己的人工智能算法，供企业和个人使用。算法的公开，可以让更多的人使用并传播，从而形成领域内通用的标准。

算力可以购买，算法是公开的，那么人工智能最麻烦的部分在哪里？

答案就是第三个要素：数据。

那么，数据在哪里呢？它们不在人工智能企业里，而是藏在传统企业那些亟待提升和解放的工作流程中。

说得透彻点，有数据的企业，在人工智能时代才有竞争优势，但一切的前提是，它要拥抱人工智能。即用人工智能工具，结合自身的独特数据，提升自身的生产效率。

数据结合人工智能的过程，就像是一个教练培养体操运动员的过程。运动员做的每一个动作，教练都会站在一旁进行纠正和调整。运动员不断地练习，教练不断地纠正，久而久之，运动员就能够完成自我纠错，最终达到理想的结果。

需要说明的是，目前人工智能最能够发挥的领域，一定是拥有大量重复劳动，并且能够明确判断好坏标准的场景。比如提高机床零件加工良品率，辅助影像医生识别患者病灶，或者帮助运动员完成特定项目的训练。

无论如何看待人工智能，它都已经走到了人类历史舞台的中央。跟当初的互联网一样，人工智能正快速地在各个产业开花结果。

三、人工智能的进化路径

前文我们谈到了人工智能三大要素分别是算力、算法和算料（数据）。而人工智能的进化路径，同样也是基于这三大要素的崛起与爆发。

（一）深度学习崛起

首先，我们要说的是，人工智能算法模型的演进过程。

20 世纪 80 年代，一位叫作杰弗里·辛顿的英国学者，发表了一篇阐述多层神经网络训练方法的论文，论文的主题是探索如何用计算机系统来模拟人类大脑。在此后的几十年里，无数人工智能领域的专家都在研究，如何实现辛顿这篇论文里的愿景。多层神经网络训练就是我们现在所说的深度学习的原型，也是人工智能技术的终极形态。

什么是深度学习呢？它是机器学习里的一个核心研究方向，其最终目标是让机器能够像人一样具有分析学习能力，能够识别文字、图像和声音等数据。

虽然辛顿在深度学习领域做出了较大的贡献，却因为其模型运算结果不理想，一直无法获得学术界的认可，这一拖就是 30 年。转机出现在 2012 年，两位华裔科学家让深度学习突破了技术瓶颈，他们分别是斯坦福大学教授吴恩达和李飞飞。

作为当今全球人工智能领域最权威的学者之一，吴恩达不仅是斯坦福大学计算机科学和电子工程学的学术风向标，更因其一手创建并领导了谷歌深度学习团队，被业界誉为"谷歌大脑之父"。他通过研究发现，深度学习需要计算机拥有强大的运算能力，随即与英伟达公司展开合作，共同开发出了计算性能极强的图形处理器（GPU），彻底解决了之前算力不足的问题。如今，这一芯片已被广泛用于人工智能研究的各个领域，为相关技术发展带去极大的算力支持。

另一位科学家李飞飞，则是当今人工智能领域成就最大的华裔女性，担任斯坦福大学红杉讲席教授，以及美国国家工程院院士。她的主要贡献在于参与建设了两个数据库：Caltech 101 和 ImageNet。尤其是 ImageNet，已经成为当今全球最大的图像识别数据库。凭借这两个数据库，李飞飞成功开发出了视觉能力超过人类的人工智能图像识别系统。

他们两个人的研究成果，间接证明了三个事实：第一，人工智能需要计算机系统极强的运算能力；第二，训练对于人工智能系统非常重要；第三，深度学习是人工智能中最合适的模型。

吴恩达和李飞飞的研究贡献，彻底改变了人工智能学术界对深度学习的看法。2012 年，斯坦福大学举办的一项人工智能算法大赛上，深度学习大放异彩，一举夺得桂冠。

至此，折腾了 30 多年的深度学习模型才奠定了其在人工智能领域的地位，凭借其在语音和图像识别方面取得的进展，远远超过先前的相关技术，也深刻影响了之后人工智能的研究方向。

其实，深度学习并不是人工智能唯一的运算模型，还有许多有价值的模型仍在试验当中，它们的应用范围相对较小。比如，美国科学家杰夫·霍金斯的记忆预测模型也比较出名，它的运算过程与人脑更加接近，但同样因为结果不理想而暂时不被外界认可。

又比如，决策树也是比较常见的运算模型。它主要被用来评价项目风险和判断其可行性。但缺点也很明显，它没办法处理一些连续字段，而且当数据类型较多时，需要人工先对数据进行分类和清洗，诸如此类的限制比较多。

（二）算力：GPU 挑大梁

实际上，传统的 CPU 芯片发展已经在 2010 年出现疲态，体积越来越小，晶体管越来越多，边际效益上已经很难再有大幅的提升。就在这个时候，科学家们发现了图形处理器（GPU）。

经常玩电脑游戏的人应该知道，显卡主要是由 GPU 构成的，用于游戏图像的渲染。它里面的核心是一个叫作"shader"的运行单元，专门用于像素、顶点、图形等的渲染，这恰好与人工智能的图像识别能力相匹配。

只需要为 GPU 加入可编程的功能，就能够让其承担与 CPU 同样类型的工作，从而弥补因 CPU 性能不足而导致的算力发展瓶颈。

人工智能的终极目标是模拟人脑，人脑大概有 1000 亿个神经元，1000 万亿个突触，能够处理复杂的视觉、听觉、嗅觉、味觉、语言能力、理解能力、认知能力、情感控制、人体复杂机构控制、复杂心理和生理控制，而功耗只有 10～20 W。

功耗低、运算能力强是衡量芯片水平的主要指标，从这个方向去看，我们可以用直观的数字进行对比，体会一下 CPU 与 GPU 之间的差距。

如果每秒钟处理 4.5 万张照片，同时需要 160 个 CPU 芯片参与计算，而 GPU 芯片却只要 8 个。能耗差距也比较大，GPU 的电力消耗只有 CPU 的 1/20。

大家千万不要小看这样的技术进步，表面上它代表着人工智能领域的阶段性突破。从更深层次来说，这些数字的背后，代表着企业巨大的采购成本与运营成本。正是因为更有性价比的 GPU 芯片的应用与推广，彻底降低了人工智能领域的参与门槛。在这之后，许多中小企业甚至个人都敢于加入人工智能领域的竞争中来，从而推动了整个行业的良性发展。

（三）算料（数据）：4G 积淀，5G 爆发

在算力得到大幅提升的同时，互联网产生与积累的海量数据样本，也是人工智能在此时爆发的重要原因。

在互联网时代，微信、微博和推特等社交网络的发展，汇聚了大量的用户资源，这些用户为各个平台带去了海量的个体社交数据。而淘宝、亚马逊和京东等电商平台的活跃，则提供了庞大的商品信息数据、消费者购物偏好和购买习惯数据。

实际上，目前人工智能领域最亟待解决的，就是数据获取的问题。拥有这些数据的大公司，可以将其作为训练数据投入到相关算法模型系统中，收获人工智能的应用成果。所以，我们目前所看到的大部分人工智能企业，都曾经是互联网时代的头部企业。比如百度、阿里巴巴、腾讯、亚马逊和谷歌等，除了基础的技术优势之外，它们与小企业最大的不同，就是天然拥有一个实时更新的数据库，用来训练自己的人工智能系统。

至此，人工智能的三大要素已经具备。那么，接下来人工智能就能乘势而起了吗？答案是否定的。评价一项技术是否成熟的标准，就是能否顺利完成商业化落地。很多时候，这一过程远比技术研究更为艰难。

就拿国内人工智能的头部企业百度和科大讯飞举例。

百度的人工智能转型战略和谷歌类似。这家靠技术驱动的公司，一开始便投入大量的资源和资金，押宝技术门槛较高的无人驾驶领域，不断从全球高薪聘请专业人才。2013 年，百度创建了阿波罗（Apollo）自动驾驶平台，并在之后的几年中不断发展壮大，还联合了福特、奔驰和微软建立开发者生态。

虽然 Apollo 技术先进，但此后的商业化落地却不那么成功。首先，自动驾驶汽车缺乏足够的耐久性试验；其次，像激光雷达、传感器等重要零部件，完全达不到大规模量产的要求；最为重要的是，许多与百度合作的车企，对于自动驾驶技术的需求并不迫切，不过是想借着百度的名号"蹭一蹭"自动驾驶的热度去迎合市场。

而以语音人机交互为核心技术的科大讯飞，在创业之初也是在产业化上四处碰壁。董事长刘庆峰对此有过反思："恨不得今天做个语音掌上电脑，明天又做个语音听写软件，后天再搞个工商查询系统。"经历了团队信心动摇、资金捉襟见肘和业务方向调整等一系列困难后，科大讯飞最终还是在电信运营商服务与普通话考试教育上，找到了产业化的突破口。

看完了百度和科大讯飞的案例之后，我们大概可以总结出目前人工智能企业面临的两大难题。

最直接的，就是持续不断的人才招募压力。我们知道，人工智能是一个更新速度

很快的技术领域，今天一个新算法，明天一个新模型，企业需要不断去追逐顶尖技术，才能收获市场的关注度。

那么，如何才能跟上市场的脚步呢？让员工现学肯定是来不及的，最简便的办法就是不断地招募最顶尖、最前沿的技术人才。招到了问题解决，招不到落后市场一截，这是许多人工智能技术型企业面临的问题。

另一个就是利润兑现。企业不同于高校和研究机构，不可能无止境地进行投入。所有资金、人力和时间的投入，都需要在规定时间内看到回报。最近几年，尽管人工智能热度异常高，但没有几家企业收益能够让人满意，大部分还是"叫好不叫座"的状态。因此，我们也有理由相信，这一状态可能还会持续很长时间。

技术型企业正面临步履维艰的困境，但反观IT硬件消费领域，人工智能却呈现了另外一番景象。小米、苹果和大疆这些以硬件为主的厂商，凭借着敏锐的嗅觉，很快就以"轻技术"的形式切入了人工智能市场，并让智能手环、无人机和智能家居等许多智能化产品进入了千家万户。

其实这个过程并不复杂，品牌只需要在常规的IT硬件消费品中，加入一些智能化的科技元素，比如语音交互、智能控制和远程遥控等，就能很快与同类型产品拉开差距。

也许你会说，这些产品并不是真正意义上的人工智能，有些甚至只是概念炒作。但就像我们之前提到的那样，它们既有硬件入口，又有软件技术，完美地构成了一个人工智能产品循环。在这个基础上，企业可以进一步完成技术的升级迭代，越来越靠近真正的人工智能。需要强调的是，只有人工智能真正融入普通大众，成为人们日常生活中不可分割的一部分，它的产业化应用才算成功。

其实，对于人工智能，我们大可不必纠结太过遥远的未来，把现有的技术成果快速投入到产业实践中去，才是人工智能获得成功的关键一步。

第二节 智能时代的发展趋势

一、人工智能时代：产业和个人的新机遇

算法在漫长的进化过程中，遇到了算力提升与数据爆炸，从而造就人工智能的快速崛起。在这样的大趋势下，产业与个人将有哪些新机会？又该如何牢牢把握它们？

早在 2008 年，法国逐步启动了环保蔬菜种植计划，目的在于减少杀虫剂和除草剂的使用。因为化学制剂会影响土壤质量，还容易导致蔬菜的农药残留超标。

和我们国内的情况不同，欧美许多农场种植面积巨大。由于人口稀少，他们较早地普及了机械化，彻底解放了农民的双手，一两个人就能管理很大一片农场。但这也带来另外一个棘手的问题，怎样用较少的化学制剂铲除杂草和害虫？毕竟，广喷农药已经被禁止，人工挨个检查不但太浪费时间，也不太实际。

这时，人工智能就派上了用场。法国的研究人员为农场主们开发了一个人工智能视觉算法模型，它可以从无人机拍摄的农作物图片里，成功识别杂草和害虫。人工智能通过颜色和图形的差异，就能够识别甜菜、菠菜和豆类农作物中的杂草与害虫，并提醒农民进行针对化处理。更高级的是，它甚至可以与农药自动喷洒系统相连，快速地进行点对点的精准打药，避免了广喷农药带来的污染。

类似的例子还有很多。比如，有大学生在社交网络上识别用户们上传的野生动物图片，从而利用人工智能系统测算出野生动物迁徙的路线图；又比如，制造企业通过人工智能系统对加工零件进行拍照分析，快速剔除次品，防止后续更大的损失。在新冠疫情防控中，人工智能更是通过数据分析和筛选，在疑似患者的追踪中贡献出巨大的实际价值。

（一）细而窄的产业痛点

从上面这些案例中，我们可以看出人工智能在产业应用中的三个必要条件：第一，有现成的数据可以使用；第二，有客观公允的评判标准；第三，可以和其他数据进行对比。

从以上几个案例中，我们大概可以发现，所有的人工智能产业应用，都是"窄"而"细分"的，旨在解决某个特殊场景下的痛点问题。以目前的技术水平，没有企业能够做出全行业的人工智能解决方案，每个参与者都是在特定的需求场景下解决问题。

当下，人工智能产业上的机会大致可分成三个层级，并且随着层级的深入，产业红利也会随之递增。

1. 人工智能硬件

这里所说的硬件，主要是指人工智能的芯片。人工智能领域里，英伟达是经常被提到的芯片企业。之所以能够做到人工智能芯片行业的老大，不只是因为英伟达芯片的算力强悍，更主要的是它已经构建出了一套自己的生态体系。

同样是自动驾驶芯片，英伟达考虑的是如何为客户提供整套的自动驾驶解决方案，而不是单纯卖芯片。除芯片之外，英伟达还建立了一套虚拟路面系统，让自动驾驶系统可以在这个虚拟世界里进行测试和学习。企业可以根据自己的需要设置对应的路面测试环境。

如今，自动驾驶上路测试一直是一个大难题，往往因为涉及交通风险问题，而被政府叫停。虚拟路面系统恰好为自动驾驶提供了学习场景，也帮助企业节省了路面测试所需要的巨大花费。

2. 基础服务 + 人工智能

与人工智能相匹配的基础服务，不得不提到云计算。现在，国内外各大 IT 巨头都在花重金布局自己的云计算中心，包括亚马逊、谷歌、苹果、阿里巴巴、华为和腾讯。究其原因，是因为人工智能技术的交互，未来会在云上实现。

比如，我们最熟悉的人脸识别追踪逃犯，它本质上是由前端摄像头和后端的人工智能系统构成的。公安机关的摄像头在捕捉到人脸数据后，立刻传回到后端中心进行分析和识别，并根据结果锁定目标。系统是现成的，唯一不同的是各地公安机关是否有匹配的数据库和后端中心。

有了云计算技术后，这样的识别系统能力就可以在远端进行交互，本地无须安装更多的设备。我们有理由相信，图像识别、语音识别等功能未来将会成为远程基础服务，由一个统一的云计算平台提供。

3. 行业结合

未来，人工智能技术本身是无法形成行业壁垒的，真正能够形成壁垒的，是人工智能与行业的结合适应度。

行业结合是一个非常重要的因素。在选择的行业里，是否具备我们上一节提到的算力、算法和算料（数据）三方面优势。尤其是数据方面，如果没有"高壁垒"的海量数据来源，是没办法支撑人工智能的。这也是许多传统企业在进行智能化转型时所需要注意的问题，除非企业自己已经有了深入的思考，拥有对行业的深入理解，否则轻易尝试人工智能很可能得不偿失。

信任也是需要考虑的因素。以医疗行业为例，从数据安全和可信度上考虑，医院一定愿意选择有实力的头部公司，而不是技术更加先进的小企业。这也是为什么进入医疗领域的人工智能企业，都是全球知名的大公司。

我们还需要强调一点：未来，人工智能的产业机会，一定会属于那些具备数据优势和行业经验的企业。只有对行业足够了解，才能发现行业的问题，进而开发出对应的人工智能解决方案。就像法国的农场去除病虫害案例一样，它的痛点在于识别杂草和害虫。

总之，虽然人工智能的产业机遇非常多，但找到擅长的细分领域才是关键。

（二）人工智能还有多少"人工"

说到人工智能，总会提到它对个人的影响。其实大家都想知道一个问题：未来，人工智能里还会有多少"人工"?

可以肯定的是,一些要求高强度、高重复、高速度、高精准度的工作,一定会被人工智能所替代。每一次的科技革命都会带来新一轮的工作革命,人工智能将会大量淘汰传统劳动力,而且不少行业会因为人工智能的兴起而消失。未来,机器人将会代替人工服务和操作,这很可能会导致大量的流程工作、服务工作和中层管理环节"消失"。

我们在前面的小节中提到了人工智能的三个层次:弱人工智能、强人工智能和超人工智能。准确地说,我们目前正处于弱人工智能和强人工智能的中间地带。

在这种情况下,我们可以下一个结论,即弱人工智能一定比人强,强人工智能一定比人弱。

为什么?人工智能系统的运转,依靠的是数据,数据也是它决策的依据。但对于人类来说,数据不仅仅是数字,它的另一面是经验与规律。如果你想知道某公司明天的股票是涨是跌,问人工智能也许没错。但该公司五年后发展得好不好,问人工智能兴许就帮不上什么忙了。

作为个体而言,最受大家关注的就是人工智能的岗位替代。尽管技术"无情",但它消灭职业的同时,也会创造职业,历史已经反复告诉过我们这个道理。

(三)主动拥抱与创新创造

人工智能时代,人并不是没有机会。我们可以提供两个截然不同的方向供大家思考。

一种是主动拥抱。这一条的核心是,从现在起,必须主动积极地掌握人工智能的相关知识。它可能会在未来五年带来丰厚的回报。也许所处的行业与人工智能并不相关,但这不代表它无法和人工智能产生紧密的联系。

此前我们经历过"互联网+"时代,现在早已变成了"人工智能+"时代。以金融行业为例,由于存在大量的基础性工作岗位,许多人工智能企业早就希望涉猎金融领域,淘汰掉一些低端金融企业,从而收获"破界"带来的行业红利。

在华尔街,摩根·士丹利要求旗下资产部门所有员工都必须学习 Python 等编程语言,高盛投资银行更是直接在招聘岗位中设置 50% 以上的技术员工岗位。

国内的金融企业中,平安的科技人才招聘是最多的。企业尚且如此,作为个人就更应该主动拥抱这样的趋势,将自己所擅长的技能与人工智能技术相结合,匹配市场的发展方向。

另一种是选择学习人工智能所不具备的能力,尤其是创新性、情感性与思辨性的工作或领域。人类的强项,在于利用过往的经验和规律,做出具有前瞻性与创造性的决策,这是所有人工智能都不具备的能力。

但在这个过程里，我们需要注意不要走向人工智能的对立面。人工智能始终是为了帮助人类而存在的。它能修正我们的创意方向，使其更受市场欢迎；它能敏锐地觉察到人类忽视的风险，使我们的决策更加正确。

（四）别被恐慌蒙住了双眼

要知道，人工智能完全替代人是不可能的，大可不必对此抱有恐惧心理。和人类相比，很多复杂情况的判断能力是人工智能所不具有的。大多数情况下，媒体过分强调了人工智能的作用，却没有提及它的劣势。

甚至连吴恩达也说："作为一名人工智能从业人员，我开发和推出了多款人工智能产品，但没有发现人工智能在智力方面超过人的可能性。"

即便是我们经常提及的数据分析能力，虽然人工智能比人类算得更快、更准确，但这一切的前提是人类告诉了它应该分析什么数据。对于机器来说，数据就是数据，但对于人类来说，数据的背后是一切事物的运行规律。机器能够被人言传身教，潜移默化地影响最终的决策，这都是人工智能所没有的。

人工智能时代的到来，带给我们的不仅是机遇，更是挑战。我们对新技术的影响和发展要有充分的敏感性。只有通过不断的学习，提高自己的认知能力，才能够对当下和未来的事物有比较清晰的认知，并且在适当的时候做出正确的选择。

二、人工智能的前沿趋势

当前，人工智能有哪些最热门的前沿研究与应用，带来了哪些最新趋势与风口？

（一）自动驾驶：激光雷达火力全开

美国机动车工程师学会将自动驾驶从 L0 到 L5 分成了 6 个级别，L0 是完全的人工驾驶，之后依次是辅助驾驶、部分自动驾驶、条件自动驾驶、高度自动驾驶和完全自动驾驶。级别越高，自动驾驶的程度就越高。

如果我们要做一台自动驾驶车，那么需要完成几个必需而关键的步骤：首先是感知，即使用传感器获取外界的信息；然后是判断，主要依赖云端算法；最后做出决策，该停时停，该走时走。

由此可见，感知阶段是自动驾驶汽车性能最基本、最重要的信息来源和体验保障。而目前主流的感知方式，则是依靠雷达、摄像头和激光雷达这三大传感器系统实现的。

摄像头是第一个被排除的选项，它与人类的眼睛类似，在光线足够的情况下，可以看清周围的一切。可一旦遇到强光直射、环境光照不足时就彻底"抓瞎"了。早期的雷达技术也非常不理想，传统雷达精度不够，遇到"细长"类的障碍物时经常无法识别。最理想的当然是激光雷达，但它的价格基本上直逼一辆小轿车。

硬件条件还不具备，但又想实现自动驾驶，埃隆·马斯克提出了以深度学习为主要技术的解决方案。他希望通过提升自身的人工智能技术来弥补传感器硬件的不足。

特斯拉的逻辑是，采集每一位车主的驾驶数据，用于训练自己的自动驾驶系统。通过这样的方式，特斯拉凭借海量的数据，逐渐提升了自己的自动驾驶能力，这让业内非常震惊。

马斯克对于激光雷达一度非常排斥，在接受媒体采访时他表示："现在谁还要靠激光雷达，那就注定完蛋，不信走着瞧。"在他看来，激光雷达昂贵的价格阻碍了自动驾驶的普及。

特斯拉并非没有对手，来自谷歌的 Waymo 自动驾驶团队也在与其暗中较劲。

与特斯拉重视人工智能技术不同，Waymo 技术与硬件并重，为实验车辆装配了昂贵的激光雷达，直接将自动驾驶提升到了 L4 级别，并与大众、福特等汽车厂商合作，为它们提供完整的自动驾驶解决方案。

一边是特斯拉的"深度学习"，另一边是 Waymo 的"软硬兼施"，两边打得不可开交。而在中国，也有诸如地平线、佑驾创新以及百度阿波罗等公司或团队，不断深耕自动驾驶领域。

老牌激光雷达供应商威力登（Velodyne）大幅下调了价格，让许多之前不敢尝试自动驾驶的汽车厂商，拿到了闯进新世界的门票。这样一来，特斯拉能否保持优势，传统车企会不会展开复仇，我们拭目以待。

（二）人工智能的安全守护神

互联网需要安全保障，人工智能同样需要。你可能会疑惑，人工智能系统是按照人类的设计运转的，为什么还要考虑安全性？

这里的"安全"主要指三个方向：保证目标清晰、保护系统免受干扰和监测系统运转过程。

知名人工智能研究机构 OpenAI，讲过一个有趣的例子：

他们给人工智能系统训练一款赛艇驾驶游戏，游戏的评判规则是，驾驶途中收集了多少个金币，以及最后的总用时。但人工智能似乎出现了问题，为了不断收集金币，非但毫无跨过终点线的意思，反倒绕了好几个圈。后来，情况越来越失控，人工智能甚至开始和其他赛船碰撞，或是过程中自己撞墙毁灭。

另一个案例则更为严重。2018 年 3 月，一辆优步自动驾驶汽车在进行测试时，撞倒了一位正在过马路的女子，女子最终因抢救无效死亡。据媒体报道，优步自动驾驶没有识别出行人，也没有采取任何的制动措施。

正是基于这些安全方面的问题，人工智能安全保障服务应运而生。其中，最出名的要数谷歌旗下 DeepMind 开发的一项安全测试。它其实是一款 2D 视频游戏，只要客户把人工智能程序植入其中，就能够测试评估 9 项安全功能，包括人工智能系统是否会自我修改，以及能否学会作弊等。

而在中国，包括阿里巴巴、华为和百度等巨头，也加入了人工智能安全业务的争夺。随着人工智能的应用越来越多，安全需求也会越来越大，这一市场势必迅猛增长。

（三）类脑智能：做一个"真正的大脑"

类脑计算，顾名思义就是类似生物神经网络结构的人工智能系统。它既要从功能上模拟大脑功能，又要从性能上大幅度超越生物大脑，也称"神经形态计算"。

早在 20 世纪 40 年代，类脑计算的神经模型就已经设计出来了，经过几十年的发展其功能获得了大幅提升。至于为什么这么多年没有进展，核心原因还是在芯片上。

传统的人工智能芯片，信息存储和数据计算是分开的。机器要先从存储部分读取数据，然后再利用计算部分进行运算。这样的结果是，每次运算都要读取、计算、再读取、再计算，不但过程烦琐，而且大量的功耗和算力都被浪费在读取里，与大脑的高效率、低功耗大相径庭。

所以，想要真正模仿大脑，就必须开发出跟大脑结构类似的芯片。这一点上，中国走在了前面。2019 年，清华大学开发出全球首款异构融合类脑计算芯片——天机芯，并登上了知名科学杂志《自然》的封面。

天机芯是清华大学施路平团队历经 7 年打磨的芯片，使用 28 纳米工艺流片。这个芯片的最大特点，是兼容包括神经模态脉冲神经网络、卷积神经网络和循环神经网络在内的多种神经网络同时运行。相比于 IBM 的 TrueNorth 芯片，天机芯密度提升20%，速度至少提高 10 倍，带宽至少提高 100 倍。

为了验证这款芯片的可靠性，施路平团队在一辆自行车上装载了天机芯。试验中，无人自行车不仅可以识别语音指令，实现自动平衡控制，还能对前方行人进行探测和跟踪，并自动躲避障碍。

值得一提的是，保持体态平衡是人脑非常复杂的功能。它是通过运动协同、环境感知和动作执行等多个功能区域合作完成，而这些都在天机芯片上获得了一定程度的体现。

虽然类脑计算的应用处于初级阶段，和深度学习等主流人工智能算法模型相比，也存在一定的运算差距，但芯片的性能突破已经看到了曙光，规模化应用很可能不需要太长时间。

三、人工智能将把我们带向何方

人工智能不仅是一种新兴的科技趋势，更是人类社会时代变革的底层逻辑。那么，人工智能将把我们带向何方，又为我们构建了一个怎样的全新世界？

（一）产业升级和劳动精细

毫无疑问，人工智能作为新兴的生产力，最直观的影响就是经济发展。

乐观派认为，新陈代谢是社会发展规律。人工智能等新技术的冲击，将促使劳动力市场通过创造新领域与发掘新需求等方式，进行调整从而达到平衡。比如，以汽车与纺织机为代表的工业革命，以计算机与互联网为代表的互联网革命，都大幅地提高了生产力，推动了新的工作岗位稳健增长，进而提升了人类福利。

何谓劳动力资源精细化？一方面，人工智能在替代部分重复劳动之后，可以让该部分劳动者解放出来，承担更为重要的核心工作；另一方面，人工智能可以改变劳动者的思维方式，从而带来技术的变革与创新，进而促进经济发展。

比如，在传统的企业管理方式中，员工的收入主要取决于上级领导的评判。这种机制会让员工不再重视工作本身，反倒去在意如何与上级领导"搞好关系"。而人工智能可以将企业管理结构变得更加扁平化，决策机制更加客观与透明。这样一来，员工个人自主性会更加明显，不再过多地依赖上级领导的评判，将重心放在自己身上，提升自身的知识水平，激发个人的创新能力。

从宏观层面上讲，赋能传统产业，更是人工智能激发经济增长新动能的重要路径。这些原本跟人工智能毫不相干的产业，通过底层变量的改变，突然找到了新的增长点。这绝对是一个巨大的突破，也上升到了国家发展重要战略的绝对高度。

（二）让人工智能走得慢一些

硬币都有两面。我们不禁会问，既然是底层变量，人工智能会冲击人类社会现有的运行体系吗？

黑石集团 CEO 芬克曾在 2018 年年初发表过一封公开信，信中他表达了对人工智能时代到来的担忧，尤其是社会公平问题。

芬克认为，不论是规模还是速度，这次人工智能革命，都要比前几次技术革命更加猛烈。他认为人工智能导致的失业，自由市场不能彻底解决。因此，全球必须重新构思企业的社会责任感、影响力投资以及公益创业。

在人工智能时代，我们需要以更认真的态度来参与公益活动。想要应对人工智能时代的社会冲击，就需要更进一步的解决方案——为失业者创造大量的服务性工作岗位。

显然，我们目前还没有能力接纳它带来的负面效应。

社会上有一种理想化的假设认为，那些被人工智能替代的劳动力，可以通过再培训与再教育进入更高级的工作岗位，去那些尚未实现自动化的新行业。然而，不可回避的担心是，以目前人工智能发展的广度和深度，被人工智能取代的失业者，很难判断未来的发展趋势，更不知道该如何选择再培训的方向。更不要说那些高龄的失业者，他们很可能因为学习能力较差而被社会彻底淘汰。

夸张一点来说，如果是人工智能导致的失业，对人们的心理创伤可能会更大。毕竟，他们将面临的境况很可能不是暂时失业，而是永久性地被排除于社会体系之外，只能眼睁睁看着自己用一生时间学习并掌握的技能，被算法或机器人轻而易举地超越。随之产生的压倒性的无力感，会让人感觉自己的存在没有了意义。

人工智能专家李开复曾做过这样一种预测，人工智能时代幸存的工作岗位分为两批人：一批人收入顶尖（如 CEO、投资家），一批人收入一般（如按摩师、家庭护理人员）。但是问题的严重性在于，许多构成中产阶级基石的职业（如会计人员、办公室经理）将被清空。

正是基于这些担忧，一些企业和专家已经开始寻找解决办法。比如，谷歌已经开始尝试每周工作四天，工作总量不变，把人均工作时间减少，从而让更多的人得到工作机会。

（三）垄断效应：赢家通吃

实际上，种种社会公平问题究其本质，还是人工智能发展模式带来的垄断问题。这是为什么呢？

人工智能的发展模式，注定赢家通吃。巨头公司拥有海量数据，就能训练出更好的算法，进而开发出更好的产品，获得更多的用户，必然又进一步得到更多的用户数据与营业收入，然后又反过来提升了数据总量与技术研发实力。最终，巨头公司将建立高不可攀的壁垒，进而形成全球范围的垄断。

这一绕不过去的逻辑，放在国际竞争层面也是一样。几乎所有人都认可，人工智能可以创造前所未有的技术增长，为国家和社会带来巨大的财富效应。但试想，如果让这样的财富效应无限制地扩大下去，它可能会加剧全球财富分配不均的问题，从而发展到无可挽救的程度。

互联网时代，我们已经看到了类似的情况。互联网本应是全球自由、公平竞争的场所，但在短短几年内，许多核心网络功能已经被主要国家所垄断。对于大多数发达国家来说，谷歌统治搜索引擎，推特把持社交网络，亚马逊则占据电子商务。少数几家巨头掌控了大部分的互联网资源，并以此创造了巨额的财富。

同理，人工智能时代，一部分技术实力薄弱的国家，由于无法创造更多的财富价值，而被优质企业和精英人群所抛弃，导致错过全球经济发展的红利，进而沦为人工智能超级大国的附属。也就是说，人工智能实力雄厚的国家则通过虹吸效应，抽走全球可以积聚的大量财富，让国家之间的差距更加明显。

（四）警惕人工智能道德风险

社会公平问题还只是表面，我们必须引起重视的是，人工智能还会冲击到构建人类社会的基石——伦理道德。

2019年年末，有这样一则新闻。英国人丹妮·莫瑞特在做家务时，因为心脏不太舒服，便通过智能音箱查询心脏问题。而音箱的回答竟然是："心跳是人体最糟糕的过程。人活着就是在加速自然资源的枯竭。所以心跳不好。为了更好，请确保刀能够捅进你的心脏。"

人工智能犯下的荒诞错误，有人一笑了之，也有人忧心忡忡。如果这样的"智能"语音被一个正在咨询病情的重度抑郁患者听到，结果兴许没那么幸运。

前面我们提到了一个优步自动驾驶测试撞死路人的案例。因为行人涉嫌乱穿马路，美国司法并没有对优步做出惩罚性判决，这让社会舆论非常不满。撞死人的是汽车，但汽车是受人工智能控制的。那么，谁应该受到惩罚？我们又该如何去惩罚一个机器呢？

答案悬而未决，问题却不止于此。

从严格意义上来说，伦理道德问题并不完全是设计疏忽导致的。机器无法像人类一样，全面综合考虑到所有因素，它的判断完全基于现有的数据样本与算法模型。

这些悬而未决的问题告诉我们，从全球范围来看，人类并没有对人工智能带来的一系列问题给出完美的解答，这也是许多人权组织反对人工智能的原因。

但无论如何，人工智能已经为我们打开了新世界的大门。可以确定的是，这个新世界必然会提升人类社会的进化效率，带来更多的社会福利；还可以肯定的是，随着人工智能应用越来越普及，我们会找到解决这些问题的方法，人类智慧也一定具备解决这些新问题的能力。

四、人工智能推动可持续发展

2020年年初，工业和信息化部指导下的"新一代人工智能与可持续发展目标"（AI for SDGs）研究项目，评估了人工智能对实现联合国可持续发展目标的作用，通过这项研究的部分结论可以发现，人工智能创新发展对全球社会和生态等多领域可持续发展的积极作用。

在社会领域中有67项细分目标（占比达82%）可以从人工智能中获益。如目标4（优质教育）、目标6（清洁水源与环境）、目标7（可持续能源）、目标11（可持续宜居城市）。例如，人工智能既可以助力低碳系统城市的创建，实现可持续能源、可持续宜居城市和气候变化应对等目标，在智慧城市或循环经济中实现更高效的资源利用，或者促进自动驾驶汽车与智能家电的快速发展。此外，人工智能可整合多重形态的可再生能源，通过智能电网将部分电力需求与光能、风能相匹配，以此持续改善全球能源利用效率。

在环境领域中有25项细分目标（占比达93%）可以从人工智能中获益，用以持续改善生态系统。例如，人工智能可以通过大规模数据分析来制定出统一协调的联合环保行动。就目标13（应对气候变化）而言，有证据表明人工智能的进步将帮助人们加深对气候变化的理解，促进对气候变化影响的建模工作。此外，人工智能也将提升低碳能源系统和高度集成的可再生能源系统效率，满足气候变化所需。就防治荒漠化、恢复破坏植被而言，利用神经网络等相关技术，可以提高卫星图像识别速率，及时提供荒漠化蔓延态势，为后续绿色治理提供帮助。

第二章　人工智能赋能商业智能指引创新创业

第一节　智能工作：紧抓就业新机遇

近半数的企业无法迅速招聘到合适的员工，65%以上的年轻人将选择仍未被明确定义的工作，到2025年，"千禧一代"在全球劳动力中的占比将超过75%。这样的数据不是耸人听闻，而是真实存在的。毋庸置疑，人工智能正在重新定义工作。

生活在这样的时代，人们难免会担忧自己的工作受到影响，是不是要被人工智能取代。其实这样的担忧没有必要，因为人工智能没有消除工作，而是在重新定义工作，创造更多的就业机会。

一、人工智能变革工作与职业

在人工智能技术越来越成熟的情况下，有些工作已经可以交由人工智能完成。例如，在机场，自助登记服务机器越来越多；在京东的仓库里面，分拣机器人来回穿梭；在企业里面，HR（人力资源）使用智能产品对应聘者的简历进行筛选。

根据麦肯锡的研究，在短期或中期内，人工智能虽然使部分工作完全自动化，但是并不会代替所有工作。因此，有些工作的流程需要优化，而这也在一定程度上促进了工作的转型和升级。

（一）思考：人工智能会让人类的工作减少吗

从出现到现在，人工智能已经获得了迅猛发展，与之相关的各种产品和新闻层出不穷，并对人们的工作产生了极为深刻的影响。之前横扫整个围棋圈的 AlphaGo，就将人工智能的强大力量展现得淋漓尽致。

不仅如此，人们也逐渐意识到，人工智能正在成为现实，然而，与之一同而来的担忧也必须得到正视。一些权威人士也提醒人们要高度警惕人工智能。在人工智能带来的所有担忧中，最具代表性的是人工智能是否会引发大量失业。

从宏观角度来看，技术导致失业的恐慌确实一直存在，但随着时代的发展，某些领域又会诞生新的工作。主导人工智能研发的各大巨头，如果能为人们传递一种正确的理念，驱散人们心中对人工智能的恐惧，也将是一大利好。

随着人工智能的不断发展，一些烦琐、重体力、无创意的工作会逐渐被代替，例如，打扫卫生、配送快递、客户服务等。此外，一些技术型企业正在对人脸识别进行研究，只要研究成功，该类技术就可以辨识约 30 万张人脸，这样的量级是人类很难或者根本不可能达到的。

在其他一些领域，人工智能确实缺乏处理人际和人机关系的能力，医疗领域就是其中最具代表性的一个领域。虽然涉及影像识别的医疗岗位很可能被人工智能取代，但那只是非常小的一部分，如问诊、咨询等需要交际能力的工作还是由人类来做。

从目前的情况来看，人类亟待完成的重大任务主要有以下两项：

（1）认真思考怎样调配那些被人工智能替代的工作者；

（2）对教育进行改革。必须更好地教育后代，让他们分析出哪些职业不容易被人工智能取代，而不要被目前看似光鲜亮丽的职业所迷惑。

从某种意义上讲，人工智能带来的并不是失业，而是更加完美的工作体验。未来，工作不能只由人类完成，也不能只由人工智能完成，必须由二者联合起来共同完成。因此，对于人工智能时代的到来，我们不需要过分担忧和恐惧。

（二）哪些职业将面临挑战

关于人工智能会取代部分职业的争论愈发激烈，各种各样的论断层出不穷。即使是在企业中发挥重要作用的执行层，也担心哪一天真的丢了自己的饭碗。相关调查显示，电话推销员、会计、客户服务被人工智能取代的概率非常高。

1. 电话推销员被人工智能取代的概率为 99%

为什么电话推销员被取代的概率会如此高呢？

首先，他们做的几乎都是重复性劳动，这些劳动没有太大的难度，只要经过系统训练就可以轻易掌握。

其次，在数据采集不准确的情况下，他们需要花费大量的时间和精力对客户进行筛选。

最后，他们的工作既单调又压抑，还会对情绪产生一定影响，导致人工效率逐渐走低。

在这些原因的驱使下，人工智能会逐渐取代电话推销员的工作。

2. 会计被人工智能取代的概率为 97.6%

会计的主要工作是对信息进行搜集和整理，其中存在非常强的逻辑性，必须保证100% 准确。单从结果上看，人工智能的优势确实更加明显。此外，全球四大会计师事务所也相继推出了财务智能机器人方案，这再一次证明了人工智能在财务工作中的巨大优势。其实如果真的出现一种可以帮助会计完成财务工作的技术，也未尝不是一件幸事。到那时，会计就可以有更多的时间去做一些有价值、有意义的工作。

3. 客服被人工智能取代的概率为 91%

与电话推销员、会计相比，客服被人工智能取代的概率虽然更低，但仍然超过了90%。此外，客服行业也存在各种各样的问题，如招聘难度大、人力成本高、培训时间长、离职率高等。即使是百度、京东、亚马逊这样的互联网巨头也无法很好地解决这些问题。不过人工智能出现以后，这些问题就有了解决的可能。

虽然上述三种职业面临的威胁最大，但是其余职业也并非高枕无忧。在这种情况下，我们应该积极应对人工智能带来的挑战，不断提升自己的分析洞察能力，学习更多有关人工智能的知识，争取做到"知己知彼，百战不殆"。

（三）别害怕，人工智能也会带来就业机会

随着人工智能的不断进步和发展，一些新兴的行业一定会出现，而随之而来的还有一大批新的就业机会。正如互联网兴起之前，几乎没有很多可供人们选择的职业；而在互联网兴起之后，程序员、配送员、产品经理、网店客服等新兴职业也随之出现。

由此可知，我们不能片面地认为人工智能出现之后就一定有"旧事物"被残忍淘汰，事实上更多的应该是人工智能与"旧事物"的结合。这就意味着，之前的人力可以通过学习和训练，掌握相应的技术并逐渐适应人工智能时代，从而转移到新的行业当中。

在技术趋于完善、生产力大幅度提高的影响下，职业的划分已经变得越来越细化，与此同时，就业机会也更多。人工智能的发展方向应该是与人力协同，而不是取代人力。大部分已经应用了人工智能的企业的确是这样做的。

下面以京东为例进行详细讲述。

京东旗下有一个无人机飞行服务中心，需要招聘大量的无人机飞服师。这一职位

的门槛其实并不是很高，只要经过系统培训，即使没有很深的文化基础的普通人也可以胜任。

京东的无人机飞行服务中心是中国首个大型无人机人才培养和输送基地。对于无人机行业而言，这是一个特别大的突破。基于此，无人机在物流领域的应用率将越来越高，而整个社会的物流效率将大幅度提升。在这种情况下，新的就业机会也将不断出现。

仅无人机，就可以衍生出一系列配套设施和大量的人力需求。所以人工智能出现以后，虽然某些原有职位的需求会有一定减少，但是新职位的需求可能会大量增加。而且这些新职位不仅仅限于如研发、设计等高门槛的职业，还包括如维修、调试、操作等低门槛的职业。

一个行业的职业结构通常是金字塔形的，除了需要位于塔顶的高端、精英人才以外，还需要位于塔身的普通工作人员。只有这样，才可以保证行业生态的健康和完整。因此，无论什么样的人，之前从事过什么样的工作，将来都可以找到一个合适的职业，并不会因为学历不够而没有工作机会。

二、人工智能在工作中的落地场景

自从 AlphaGo 零封围棋天才以后，人工智能就被神化到一个相当的高度，越来越多的人相信，人工智能将取代大部分工作，从而导致大量失业。但是前面已经提到，人工智能可以与人类和平共处。例如，在人事工作上，人工智能可以智能分析，实现人岗协调。此外，采购工作、财务工作等也都在人工智能的助力下实现了人机协同。

（一）助力人事工作，促进人岗协调

技术赋能人事管理虽然早已不是新鲜话题，却仍然很热门。在未知比已知更多的未来世界里，创新将成为企业生存发展的不二法门。创新的核心是人，企业的工作重心是人事管理，如何做好这项工作，使其不断升级，是每一个企业都应该思考的问题。

费里曼是一家在线房地产服务企业的创建人。起初，他的企业只有十几名工作人员，随着企业的发展壮大，需要招聘一批新的工作人员。费里曼为此很苦恼，因为大量的简历让他手足无措。

但是，人工智能出现并兴起以后，解决方案也应运而生。人工智能通过对求职者上班第一天可能要做的事情进行线上模拟，可以使简历审查工作变得更加简便和快捷。除此以外，人工智能还可以分析求职者的特性，并在自然语言处理、机器学习等技术的助力下，为求职者建构一份个人心理档案，从而准确判断这个求职者是否与企业文化相契合。

　　人工智能不仅可以应用于招聘工作，还可以帮助企业分析工作人员与岗位之间的契合度，从而进一步促进人岗协调。在人事管理工作中，人工智能虽然不是完美无缺的，但取得的效果一定比全靠人力更好。

　　如果工作人员对工作没有很高的积极性，就会对企业的内部运营产生不利影响。现在通过老套的绩效考核激发工作人员的积极性，使其发挥更大的价值，已经不能起到非常好的作用，采用新技术和新交流软件才是真正的"王道"。

　　企业在采用新交流软件时，一定要保证软件在工作人员中的采用率，因此，企业应该把交流软件设计得易于访问和使用。工作人员把交流软件安装在手机上，可以通过交流软件互相学习、了解客户反馈，从而尽快提升自己的能力和价值。

（二）推动采购工作出现大变革

　　通常情况下，采购工作可以分为两个部分：一个是战略采购，另一个是运营采购。运营采购非常注重采购人员的执行力，而战略采购则十分重视采购人员的决策能力。下面重点讲述战略采购。战略采购涉及四个环节，如图 2-1 所示。

图 2-1　战略采购的四个环节

　　在上述四个环节中，最重要的两个环节是原料的寻筛和产品的询价。随着人工智能的不断完善，借助知识图谱技术和机器学习，人工智能已经可以深度介入这两个环节。

　　在知识图谱的基础上，人工智能可以智能寻筛最物美价廉的原料，以实现寻筛成本的最低化。在商业谈判算法的基础上，人工智能还可以帮助企业在询价环节做到知己知彼，避免价格不合理。总之，借助人工智能，战略采购将逐渐走向智能化，同时将融"智能寻筛、审核、询价、签单"于一身。

　　京东旗下有一个电商化采购平台，该平台不仅可以将烦琐的采购工作变得更加简单、透明、智能，还可以轻松打通产业链上下游之间的信息联系。未来，人工智能肯定能够实现采购与供销的完美结合。

　　此外，基于对云计算、深度学习、区块链等人工智能技术的熟练应用，京东的开发团队已经建立了大数据采购平台和采购数据分析平台。其中，借助智能推荐，大数据采购平台可以主动分析用户喜好，从而挑选出最符合用户要求的原材料。不仅如此，京东还在不断进行技术的研发与创新，希望打造一个更具效率的采购平台。

　　京东的这些平台为采购方式的转变、采购路径的优化，提供了极大的便利，能够促进营销管理效率和客户服务质量的提升，使企业的经营管理模式变得更加人性化、科学化、民主化。由此可见，人工智能可以对采购工作产生积极影响。

（三）为财务工作转型提供技术支持

如果要与国家经济发展战略相适应，企业的财务管理必须积极转型，争取获得创新发展。基于此，"用友云"正式发布并上线运营了"用友财务云"。"用友财务云"可以为企业提供多样的智能云服务，也可以指导和帮助企业实现财务转型。

引入"用友财务云"以后，企业的财务管理流程会越来越规范，越来越高效。与此同时，企业财务管理的成本和风险也将大幅度降低，从而进一步提升企业财务管理工作的整体质量。

"用友财务云"为企业提供的基础服务包括两项：一项是财务报账，另一项是财务核算。这两项服务的承载平台分别为"友报账""友账表"。

"友报账"不仅是一个智能报账服务平台，也是一个企业财务数据采集终端。除了财务人员以外，企业中的其他工作人员也可以使用"友报账"。这也就表示，"友报账"可以对企业资源进行整合，并为企业工作人员提供端到端的一站式互联网服务。

与"友报账"不同的是，"友账表"是一个智能核算服务平台，可以为企业提供多项服务。例如，财务核算、财务报表、财务分析、电子归档、监管报送等。这些服务都是自动且实时的。

除了财务报账、财务核算这类的基础服务以外，智能税控对企业来说也非常重要。在这方面，"智能税控POS"是行业典范，它是由商米科技、数族科技、百望金赋三方强强联合，共同推出的一个开票机器。其作用主要包括以下几点：

（1）解决企业经营管理相关环节痛点，尤其是越来越突出的开票痛点；

（2）简化开票流程，实现真正意义上的支付即开票、下单即开票；

（3）提高开票的效率。

"智能税控POS"是以互联网和云计算为基础，集"单、人、钱、票、配"全流程运营能力于一体的开票工具。除了收单以外，它更是一个可以直接管理发票的POS机，同时还可以提供一站式增值服务，例如，收银、会员、金融、排队等，从而大幅度提升开票体验。

未来，还会有更多诸如"用友财务云""智能税控POS"这样的智能产品成功落地，并在企业中得到有效应用。而这些产品也都是人工智能赋能企业财务工作的最佳体现，将会在企业中发挥非常重要的作用。

（四）部分客服工作由智能机器人完成

作为业务流程中的一个关键环节，客服无疑会对企业的形象产生深刻影响，因此，越来越多的企业开始重视人工智能与客服的融合。这样不仅可以提升消费者对企业的好感和认可度，还可以增强企业在行业中的声誉和影响力。

美国电商巨头 eBay（易贝）就推出了购物机器人 ShopBot。在 ShopBot 的助力下，消费者可以用最短的时间找到自己想要的，同时也最实惠的商品。自从 ShopBot 被正式推出以后，消费者便可以在 eBay 上获得更加优质的消费体验。

ShopBot 是以 Facebook（脸书）的智能聊天机器人平台为基础研发出来的，现在已经正式投入使用。在使用 ShopBot 时，消费者可以登录自己的账号，也可以在 Facebook、Messenger 内搜索"eBay ShopBot"，具体的使用方法如下：

进入 ShopBot 界面以后，消费者可以通过语音发出指令："我正在寻找一个 80 美元以下×××品牌的黑色书包。"说完以后，ShopBot 会显示一个或一些符合条件的书包，这样消费者就可以非常简单、快速地找到自己想要购买的产品。

其实，ShopBot 的推出也在一定程度上表示，eBay 非常关注自然语言处理、计算机视觉等与人工智能息息相关的技术。为此，eBay 收购了以色列计算机视觉企业 Corrigon，主要是为了摆脱对人工的过度依赖，实现产品照片分类的自动化和智能化。

不仅如此，eBay 还收购了机器学习团队 ExpertMaker、数据分析企业 Sales Predict。借助这一系列的收购，eBay 的自动化和智能化获得非常迅猛的发展，这不仅有利于提升消费者在 eBay 的购物体验，还有利于优化 eBay 的服务质量和服务效果。

第二节　智能教育：打造泛在化教育形态

随着人工智能技术的发展，图像识别、语音识别等人工智能技术的应用范围也愈加广泛。在教育领域，人工智能也极大地影响了教育模式、教学场景等的发展。人工智能为教育的发展创造了新的机遇，也使传统教育能够在先进技术的支持下进行变革。

在双方融合的趋势下，许多互联网企业和教育企业纷纷进行人工智能在教育领域的应用尝试，积极凭借自身力量推动教育事业的发展。

一、人工智能 + 教育 = 智能教育

技术的进步推动了教育行业的变革，从传统教育到数字教育再到智能教育，人工智能技术的助力功不可没。在人工智能、大数据、5G 等技术的推动下，学校的教学模式、校园管理等许多方面都将向智能化的方向发展，智能教育也得以深化。

（一）教育三大发展阶段

随着人工智能的发展，教育领域将受到很大的冲击。人工智能将应用于教育教学和管理的各环节，智能教育也将更加深刻、更加广泛地覆盖教育领域的许多方面。智能教育与此前的信息化教育有何不同？此前的信息化教育是教育手段的信息化，只是把教育过程中呈现、传输、记录的方式改成数字模式，没有带来教育理念、体系和教学内容的变化。而智能教育则使教育从教学理念、教学模式和内容等方面有突破性的变革。

1. 从传统教育到数字教育

相对而言，传统教育重理论轻实践、重知识灌输轻思考，不适应现代社会的发展。现代教育理念坚持以人为本，注重因材施教、注重学生的全面发展、注重教育内容的开放性等。

随着网络技术的普及，信息技术对社会发展的影响越来越大。信息化教育即数字教育，指的是在现代教育理念的指导下，运用各种新兴的信息技术，开发并合理配置教育资源，优化教学各环节，以提高学生信息素养为目标的一种新的教育方式。

数字教育虽然提倡以学生为中心，但事实上还是以教师为主导进行多媒体辅助教学、远程教学等。总之，数字教育只是对教育的某一环节进行了数字化改造，只是给教学提供了一些先进的技术手段，能在一定程度上提高教学的质量与效率。但这仍为人工智能进入教育领域打下基础，使人工智能进入教育领域有了切入点。

2. 从数字教育到智能教育

智能教育的目的是培养具有较强思维能力和创造能力的人才。相较于数字教育各种信息技术在教育领域中的应用，智能教育可以看作是对数字教育系统的升级。智能教育将依托5G、大数据、云计算等先进技术，实现完整的信息生态环境，通过移动端、个性化学习支持系统等实现以学生为中心的泛在学习。

智能教育除了要与先进技术相结合，也需要教育体制的优化和教育理念的更新。这就对目前的教育理念和教育模式提出了要求。

一是要求教师从知识传授者转变为学生知识的提供者和辅助者，学生也应发生态度上的转变，积极主动地进行自主学习。

二是教学要从机械的强化训练转变到重视活动的设计与引导，并适时进行评价，对学习活动进行指导，以达到更好的学习效果。

三是支持多种学习方式的混合。

四是重视即时反馈与评价。借助技术获取教育过程中的数据，依据精确的数据对问题进行精准定位，使评价由经验主义走向数据支持。

智能教育在各种技术的支持下将获得更好的发展，将覆盖教育过程中的更多环节，也将覆盖更多的地区。同时，智能教育的推广也将推动教育理念和教育模式的变革，使师生得到更好的教育体验。

（二）AI崛起，教育迎来新机遇

目前，大数据和人工智能在各行业都有所应用，也包括教育行业。在大数据和人工智能的支持下，教育行业的许多应用已经进入深水区，教学模式正在逐渐发生改变。

从教学过程来看，以大数据技术为依托的人工智能系统可以使教育在授课、学习、考评、管理等方面都变得多样化。

1. 授课

人工智能系统能够实现自适应教育和个性化教学。在教学方式方面，教师拥有了更为多样的教学手段，上课时不再只依靠一本教科书，而是可以调取大量的优质教学资源，以多种形式展现给学生。同时，虚拟现实技术、大数据与人工智能系统的结合，能够很好地还原教学场景，使学生爱上学习，增强学习效果。

2. 学习

在学习过程中，学生可利用大数据技术根据知识点的关系制作知识图谱。同时，数据分析技术可以分析学生的学习水平，制订与之相匹配的学习计划，并由人工智能系统为学生提供个性化的辅导，以帮助学生高效学习。

图像识别技术也可以提高学生的学习效率。学生可以通过手机拍摄教材或作业内容上传至系统，人工智能系统通过分析照片和文本，显示出对应的重点与难点。这样的学习流程为学生的自主学习提供了更多可能性。

3. 考评

有了智能考评系统，教师只需将试卷进行批量扫描，系统就可以实时统计并显示已扫描试卷的份数、平均分、最高分和最集中的错题及对应的知识点，这些信息方便教师对考试情况进行全面、实时的分析。即便是对几十万、几百万份试卷进行分析，系统也能通过图文识别和文本检索技术快速检查所有的试卷，提取、标注出存在问题的试卷，实现智能测评。

4. 管理

学生大多关注"学"的部分，学校则需要在教学之外充分分析教育行为数据，以便做好管理工作。利用人工智能系统，充分考虑教务处、学生处、校务处等部门的管理需求，学校可进一步搜集、记录、分析教育行为数据，更全面地了解教学的真实形态。

目前，一些学校已经建立了学生画像、学生行为预警、学生综合数据检索等体系，以便更好地分析学生在专业学习上的潜能，从而为学生提供个性化的管理方案。

大数据、人工智能在教育领域的应用才刚起步。未来，以大数据为依托的人工智能可以实现教育个性化，使因材施教、因人施教的途径更加便捷。

（三）智能教育与5G的"化学反应"

5G与人工智能的结合在推动人工智能发展的同时，也将推动人工智能在教育领域的应用，使智能教育获得突破式发展。5G将打破当前教育领域的技术壁垒，推动教育行业的变革；5G将与人工智能一起赋能教育，推动智能教育的发展和广泛应用。

5G是能够为教育带来革命性影响的技术。随着5G时代的到来，它所提供的高传输速率、大宽带、低时延的优质网络，能够打破诸多曾经难以实现的技术壁垒，主要表现在以下几个方面，如图2-2所示。

图 2-2　5G 打破教育领域壁垒的表现

1. 教育体验

5G带来的是传输速度、网络质量的革命，能够影响教育的体验性。5G能够使直播等教学场景更加流畅，能够更好地实现师生之间的实时互动。同时，5G也将推动虚拟现实技术的发展，使得虚拟现实（VR）技术在教育中的应用更加多元化。场景教学、模拟教学、真人陪练等使学生能够在虚拟环境中体验真实的学习场景。

2. 教育数据互通

未来，5G的普及使万物互联成为现实，教育领域的各种人工智能应用都将朝着具备物联性的方向发展。万物互联能够使人工智能应用采集到更大量、更加复杂的数据，人工智能应用在经过大数据分析后，能够全面了解学生和教师的情况，使互动更深入、方式更多样。

3. 解决人工智能瓶颈

人工智能发展的瓶颈在于智能机器人深度学习能力。智能机器人应该具备深度学习能力，可以对数据进行筛选、整理和分析。然而，在现在这个信息大爆炸的时代，智能机器人要处理大量数据，其技术还需要不断提高。5G 可以弥补制约人工智能的短板，提升智能机器人的学习能力，推动人工智能发展。

未来，人工智能有望依托 5G 实现教育大规模覆盖，满足学生的个性化学习要求。

二、人工智能如何变革教育

人工智能在教育领域的应用将极大地变革教学场景和校园管理模式，使其变得更加智能。人工智能与 VR 技术的融合也将打造出新的教学场景，实现 VR 场景与教学场景的结合。同时，人工智能系统也将实现校园的可视化、智能化管理，进一步保证校园安全。

（一）VR 技术打造沉浸式体验

人工智能与 VR 技术的结合，将创造出全新的教学场景，使师生有全新的教学体验，极大地激发学生学习的积极性，提高学生的学习效率。

1. 高互动性的沉浸式体验

人工智能与 VR 技术的结合将为师生提供高互动性的沉浸式体验，主要体现在以下几个方面。

（1）"VR+ 课堂教学"。VR 技术可通过沉浸式的交互方式，将抽象的知识变得形象化，为学生提供身临其境般的沉浸式学习体验，激发学生获取知识的主动性。根据学科的不同，VR 技术发挥的作用也不相同，主要包括三维物体展示、虚拟空间营造、虚拟场景营造等方面。

（2）"VR+ 科学实验"。利用 VR 技术，很多在现实中难以完成的实验都可以得以完成。在现实教学中，许多实验器材由于价格昂贵而难以被普及。而利用 VR 技术能建立虚拟实验室，学生可以在这个虚拟实验室中操作虚拟实验器材进行实验，也可以在 VR 中得到实验的结果。

2.VR 技术在课堂中的优势

在课堂中引入 VR 教学后，能够很好地提高学生学习的兴趣和效率。VR 技术在课堂授课中的优势主要体现在以下几个方面。

（1）避免学生在课堂分心。在传统的课堂教学中，学生在课堂分心是十分常见的事情，如窗外的噪声、空中飞过的飞机等都可能使学生上课分心，还有不少学生在课堂上玩手机或交头接耳等。而若将 VR 技术应用于课堂，这些问题便可以得到很好的解决。VR 为学生提供逼真的学习场景，能够更加吸引学生的注意力，同时也能有效减少周边环境对学生的影响。

（2）消除语言障碍。在当今多元化的社会中，语言障碍为学生的学习带来诸多不便。如学生想与外教沟通，可能就要掌握他们的语言，但借助 VR 设备的语言翻译功能，学生就可顺利地与外教沟通。全息投影技术与 VR 技术的结合能够轻松地将各国的名师"请"到课堂上，为学生指点迷津。

（3）促进学生深度交流。学生在与其他同学交流时，可以不断加深对知识的认知，从而将知识掌握得更加牢固。VR 课堂可以将不同学习方法的学生联系在一起，学生们可以及时分享他们对知识的不同看法，这有助于他们借助分享观点进行深度学习。

（4）实现远程学习。有了 VR 设备，学生能够随时随地学习，家里也能变为课堂。学生只要佩戴好 VR 设备，就可以与同学、教师在虚拟空间里交流学习，这使得远程学习成为现实。并且，利用 VR 设备，学生在家里也能获得像在学校课堂上课一样逼真的学习体验。

未来几年，VR 技术在教育中的应用将更加广泛。人工智能与 VR 技术的结合创新了教学场景，使一些在现实中难以实现的场景教学和培训等能够在 VR 中实现，打破了学生的学习与教师的授课在时间和空间上的限制。同时，在虚拟场景中，学生与教师也能够获得更好的学习和教学体验。

（二）可视化校园管理，让教学更高效

借助 5G、大数据和人工智能等技术，智能教学系统能够实现对课堂、学生学习等方面的智能分析和可视化管理，主要表现在以下六个方面。

1. 课堂情感识别与分析

智能教学系统能够通过人工智能从学生课堂视频数据中分析课堂情感占比，分析学生情感变化，并得出科学的统计与分析数据。教师通过这些数据可以了解自己授课内容对学生的吸引力，并且能够了解学生的学习状态，从而调整教学进度和教学方法，提高教学效率。

2. 课堂互动识别与分析

利用语音识别技术，智能教学系统能够搜集教师授课过程中师生互动的数据，记录学生的发言和教师的授课内容。通过对记录数据的分析，智能教学系统能够提取互动的关键词并对其进行标记，进一步提取出活跃课堂氛围的正面词汇。这些关键词汇

能够帮助教师增强课堂互动效果，提高学生学习效率。

3. 课堂考勤

智能教学系统通过面部识别等技术，可以智能记录学生考勤，统计课堂的出勤率。面部识别记录考勤的方式能够节省教师上课的时间，提高学生的出勤率。

4. 学业诊断

依托人工智能技术，智能教学系统利用线上线下相结合的测试方法，能够得出每个学生的评测结果、学业报告和独特的提升计划。同时，系统可以针对不同学生的不同需求准确推送学习资源，从而实现因材施教，帮助教师全面督导学生学习。

5. 多维度教学报告

智能教学系统能够针对不同的群体类型，如教师、家长、学生等总结出多维度教学或学生成长报告。报告的内容不是固定的，智能教学系统能够提供灵活可定制的数据分析方向，满足不同群体的分析需求，同时对学生历史数据进行分析，形成学生的个性化成长档案。

6. 智能排课

智能教学系统能够利用人工智能技术分析出最优排课组合，同时，智能教学系统还能够结合学生的历史成绩、兴趣爱好等信息和教师的教学数据进行智能排课。

通过以上几个方面的可视化管理，智能教学系统能够搜集学生上课和学习过程中的数据，并以此得出科学的报告和实现智能排课等；同时，智能教学系统所提供的数据还可为教师的教学决策提供辅助参考。

（三）教师角色的创新与再造

在智能教育时代，教育环境全方位的变化对教师提出诸多方面的挑战。教师角色的再造将是每一位教师必须面临的考验。

即便有更多先进技术的支持，未来的教师也不会轻松。尽管人工智能系统能够在备课、教学过程和课后辅导中为教师提供全面的、科学的统计和数据分析，甚至能够自动生成智能化的解决方案。但教师的任务不只是传递知识，其更多的职责变成指导学生进行整体发展规划。在未来教学的需求下，教师角色的创新与再造主要表现在以下几个方面。

1. 由全才变为智才

在智能教育时代，学生的个性化需求更加鲜明，教学课程也更加开放。教师不再需要作为单独的个体完成所有教学任务，而是由教学团队全面支持其完成教学。教学团队中有专注于课程设计的专家，有负责教学指导的班主任，有设计实践课程的工程试验教师等。

同时，数据分析师、学业指导教师等新兴的教师类型也将加入教师团队。教师团队是多元化的，每个人的工作都有明确的分工。分化的工作将增强教师的专业化素养，从而提高教师工作的效率和质量。

2. 由教学者变为辅导者

传统教师角色再造的第二方面表现为传统教师将从教学者转变成辅导者，教师不再单方面地向学生灌输知识，而是更注重对学生的辅助、引导。

一方面，以往的教学模式中，学生接受的知识都是统一、固定的，不能很好地体现学生的意志。未来的教师将不只是传递知识，更多的是帮助学生发现自己的学习兴趣，培养他们自主学习的能力。教师不再是课堂的中心，而是成为学生学习过程中的辅助者。

另一方面，随着各种技术在教学中的应用，教学方式也变得多样，抽象化思维与具象化现实的结合将带给学生更加新奇的学习体验。VR 技术与教育的结合将极大地创新教学场景，教师不再是知识的输出者，而是一个知识世界的引导者，引导学生去探索知识。

3. 由教练变为导师

随着技术的发展，与更多技术结合的、更加先进的人工智能能够更好地完成授课和学习指导的工作，这使得教师可以把更多的时间和精力放在学生的心理成长和综合素质提高等方面，成为指导学生未来发展、给予学生精神激励的导师。

总之，随着人工智能等技术在教育领域应用的逐渐成熟，教师的角色将被再造，教师的分工将会更加细化，教师在工作中的专业性也越来越强。在技术的支持下，教师将成为教学活动中的辅助者、学生学习的引导者，教师会更加关注学生的心理成长和个性化发展。

三、案例分析：AI 时代的教育变革之路

人工智能在教育领域的应用已成趋势，一些教育企业和人工智能企业纷纷进行相关尝试，并取得了一些成果，如百度教育、魔力学院、科大讯飞、松鼠 AI 等。

（一）百度教育让教育更"有料"

教育的智能化发展已成趋势，在这种潮流下，百度自然也不会错过 AI 教育的发

展机遇，百度教育大脑就是其代表产品。

百度教育大脑以百度大脑为基础，融合人工智能、大数据等技术，赋能多种教育场景，为用户提供智能教育服务。百度教育大脑不仅开启了人工智能教育实验室，还极大地改变了传统教学模式，使课堂氛围更加活跃。

1. 开启人工智能教育实验室

百度教育大脑与北京师范大学、白洋淀高级中学联手共建了"雄安新区人工智能教育实验室"。该实验室以人工智能、大数据、物联网等先进技术为依托，能够提供人工智能教学、STEAM教育（集科学、技术、工程、艺术、数学多领域融合的综合教育）和教师新技术能力培训等服务。

此外，百度教育大脑还在合肥建立教育实验室，目的是以人工智能技术为依托对教育进行升级，帮助安徽省实现智慧教育的目标。

2. 百度教育大脑让课堂"活"起来

知识无界限，但传统的教学模式无法解决教育资源不均衡的问题。如何让优质的教育资源实现共享呢？百度教育大脑能够有效地解决这一问题：通过 AI 技术打通共享渠道，让学生不受区域、年龄限制，更加方便地获得全面的学习资源。

此外，百度教育大脑借助网络传播速度快、范围广等优势，实现了"何处有求知欲，何处就有课堂"，让学生可以在计算机端或移动端随时学习，让传统的只局限于学校等教育场所的课堂"活"了起来。

（二）魔力学院开创教学新模式

运用人工智能变革教学模式一直是教育界的热门话题之一。5G、大数据和深度学习等技术的助力使得人工智能教育的应用实现了井喷式的发展。魔力学院的智能教学系统就依托各种先进技术变革了教学模式。

在学生接受教育的过程中，优质教育资源的争夺战一直不曾停歇。事实上，优质的教育资源非常稀缺，而 5G 与人工智能给教育行业带来的变革之一就是能够打破优质教育资源的区域限制，实现优质教育资源的共享。

跟随时代发展的步伐，魔力学院依托人工智能技术打造了自己的智能教学系统。在智能教学系统的支持下，魔力学院能够给学生带来新奇的学习体验，主要表现在以下三个方面。

1. 人机互动新教学

魔力学院提供的视频课程是一种人机互动的教学模式。它不仅有最优质的教学内容，还可以让学生在课程页面上记录笔记。同时，在学习过程中，学生可自由选择测试时间，实时掌握自身的学习情况。相应地，平台会在学生学习的过程中收集数据，调整教学内容。

传统的学习模式是教师向学生进行单向的知识灌输，而这种人机互动的教学模式将一节课拆分成多个节点。当学生完成一个学习过程后，智能教学系统就能清楚知晓学生对某个知识点的掌握情况，并通过设置不同难度的问题判断学生当前的学习状况，从而进行推荐学习。

2. 知识能力量表

在学生学习的过程中，智能教学系统能够依据收集到的学习数据生成各学科知识能力量表。学生通过知识能力量表，可清晰地了解自己各学科、各部分的知识掌握情况。

3. 思维标签

思维标签是指智能教学系统将一道题目依据思维的层次划分成多个步骤，引导学生解题的思维模式。同时，智能教学系统能收集学生的学习数据，并结合学生的主观反馈，综合衡量学生的知识点掌握程度，最终依据学生的能力水平给出学习解决方案。

与其他互联网教育领域的产品不同，魔力学院从一开始就将教学模式变革的重心放在了人工智能的应用上，即直接用人工智能机器替代教师进行授课，然后构建智能教学系统。许多业界人士并不看好这种教育方式，但是魔力学院的持续营收证明了这条道路的正确性。如今，在智能教育领域，魔力学院已经发展成可以从教、练、测等多个角度提供服务的教育平台。

魔力学院的智能教学不局限于 GMAT（美国企业管理研究生入学考试），还开发了 GRE（留学研究生入学考试）、考研英语等人工智能教师，帮助数千名学生在短时间内实现出国与考研的梦想。

人工智能解决了教育资源的稀缺性问题。随着人工智能的发展和基础设施的完善，人工智能教师将会普及更多地区，让更多学生能够接受更公平的教育。而这也是魔力学院研发智能教学系统与人工智能教师的初衷。

（三）科大讯飞把 AI 带进校园

对于教师来说，一项必不可少的工作就是为学生批改作业，如果作业非常多，甚至要批改到深夜，这难免会对教师的健康造成不良影响。

然而，随着信息化建设和人工智能的不断发展，大数据、语音识别、文字识别、语义识别等技术使智能批改逐渐成为现实。

如何利用技术减轻教师的压力，实现规模化、个性化的作业批改，便成为未来教育的关键攻克点，同时也是许多企业在智能教育领域的发展方向。

科大讯飞将自然语言处理融入教学中，从而提升学生的阅读能力和阅读效率。

在作业批改方面，科大讯飞也能发挥强大作用。如今，科大讯飞的英语口语自动测评、手写文字识别、机器翻译、作文自动评阅等项目已经通过教育部门的鉴定并应用于多个省市的高考、中考、学业水平的口语和作文自动阅卷中。

"讯飞教育超脑"也在全国70%的地区，1万多所学校得到了有效应用。

当然，国外也有很多与"讯飞教育超脑"类似的产品，例如，Gradescope。

Gradescope的主要目的是使作业批改流程得到进一步简化，从而把教师的工作重心转移到教学反馈上。相关数据显示，使用Gradescope的学校已经超过150个，其中也不乏一些非常知名的学校。

当批改作业的负责人从教师变为机器时，当机器批改作业的准确率可以与教师批改作业的准确率相媲美时，这项工作便实现了真正意义上的智能化。与此同时，"人工智能+教育"也实现了前所未有的突破和进步。

（四）松鼠 AI：学生的线上"辅导员"

生活水平的提高使家长更重视孩子的教育，家长希望孩子的学习成绩可以有更大的提高。人工智能在教育领域的应用让家长的心愿得以实现，松鼠 AI 的出现则让家长看到个性化线上教育的可能性。松鼠 AI 通过人工智能、大数据等技术，为每个学生绘制专属画像，并据此为其制定学习体验策略，巩固知识结构，培养良好的学习习惯。

在新冠肺炎疫情防控期间，松鼠 AI 推出"真人教师+人工智能"1+1辅导模式，制订明确的个性化学习方案，根据相关学习数据了解学生对知识点的掌握情况，为学生进行测评定位与课程、练习题匹配推荐，让学生能够将每个知识点牢固掌握。

企业要想在智能教育领域占据优势地位，就必须有独特的竞争力。松鼠 AI 以线上教育为发力点，做到了因材施教，能够根据不同学生的不同性格制订个性化的学习方案。例如，有些学生喜欢轻松、活泼的讲课方式，有些学生喜欢专业、严谨的讲课方式，松鼠 AI 能够根据他们的偏好为他们推荐合适的教师。此外，松鼠 AI 还可以根据学生的知识掌握情况和学习目标，为他们确定科学的学习难度和顺序，确保他们不会丧失信心和斗志。

为了让教学系统更适应孩子们的学习需求，松鼠 AI 一直在提升算法的优越性。目前，国内超3000家学习中心已经开始使用松鼠 AI 教学系统，这将为社会提供更多全方位人才智能培养的方法。

第三章 大学生创新创业教育概述

创新创业人才的培养离不开科学、合理的教育理念及体系的建设。虽然我国高校创业教育体系在发展过程中积累了丰富的经验，但随着时代与社会的发展，高校创业教育体系依然需要不断进行建设与完善，如此才能跟上时代发展的步伐，培养出适合时代与社会发展的高素养人才。为此，本章将对大学生创新创业教育理念及体系建设进行研究。

第一节 大学生创新教育的理念及体系建设

创新教育不仅要培养学生的创造力，还在于唤醒学生的创新意识，训练其创新思维，在创造力的培养中完善创新人格。本节首先会对创新教育的基本知识进行简要阐述，然后对大学生创新教育的理念及体系建设进行研究。

一、创新教育概述

（一）创新教育的原则

1. 启蒙性原则

启蒙性原则，就是将创新教育的实施时间尽可能地提前。启蒙教育是创新教育的起点。从世界范围来说，不管是发达国家还是发展中国家，对包括学前教育阶段的科学启蒙教育在内的基础教育都是非常重视的。这是大势所趋，因此，我们必须在学前教育和小学教育阶段就将学生探索精神、科学态度和方法的培养作为关注的重点。

2. 德育为先原则

创新教育的实施就是为了通过博大的人文精神去熏陶受教育者，使其具有充分的创新能力，并以此来为社会发展做出贡献。创新能力受到人的情感、道德品质的驾驭和支配。自古以来，人们对"德"就非常重视。一个人的社会公德和职业道德也是很大程度上影响甚至决定着其事业的成败。因此，对于教育者来说，其在创新教育中应该担负的职责包括两个方面：一是应教会学生如何做人，二是教会学生如何思考。创新教育应遵循德育为先的原则。

3. 主体性原则

以主体性原则为依据，一方面，要尽可能地为学生提供独立活动的机会、时间和空间；另一方面，主体性学习应有"质"的规定性，从实质上来说，主体性学习要求学生在学习方面有显著的积极性、主动性、独立性和创造性。

4. 问题性原则

问题性原则指的是教育者在实施创新教育过程中，以问题为线索，来进行进一步的探究、发现、创新，引导学生不断探索。为此，教育者在实施创新教育教学过程中，要对以下几个方面加以把握。

第一，设计问题时要注意新颖性与层次性。

第二，教育者要让学生通过自己的探索去发现结论和方法，不要直接提供答案。

第三，教育者要充分允许学生提出任何问题，不打击、不忽视，使学生逐步做到想问、敢问和善问。

5. 发展性原则

创新教育以学生身心发展规律为依据，目的是实现大学生的认知和个性发展的和谐统一，是一种发展性教育，所以具有发展性的原则。教育者要将学生各方面的发展看作是一个整体的过程，因此，在实施教育的过程中，要将学生的智商发展与情商发展统一起来，将学生人格的健全与认知水平的提高同等对待。

6. 民主性原则

民主性原则，是指在实施创新教育过程中，教师在教育教学中，要发扬民主精神，营造出有利于学生创新的民主氛围。教师要善于将学生的主动性和积极性充分激发出来，还要将师生之间、学生之间民主、合作的和谐关系体现出来，要让学生主动将自己的想法充分表达出来。除此之外，还要提倡学生与学生、教师与学生之间的多向交流、不同观点的碰撞，在创新教育中将民主性原则充分体现出来。

7. 创新性原则

在创新教育过程中遵循创新性原则应做到以下几方面。

第一，要选择开放性的问题，以此来发散学生的思维。

第二，要对学生思维的流畅性、变通性和精确性进行引导，使其具有一定的灵活性和变通性。

第三，要采取积极鼓励的方式，激励学生大胆运用假设，增强创新的可能性。

8. 开放性原则

创新教育的开放性，就是指在创新教育教学实践中的教学空间是开放性的。在创新教育的实施中遵循开放性原则，要求做到以下几方面。

第一，学生在课程中的心态是自由开放的。

第二，教学内容具有开放性。

第三，教师对于学生的开放性思维应具有肯定的态度。

第四，教育方法不应受各种条条框框的限制，应具有开放性的特点。

（二）创新教育的特征

创新教育的特征主要包括以下几方面。

1. 前瞻性

创新教育是一种科学合理的现代教育，更适合人类的进步和发展，是在现实基础上培养创新人才的教育。这里所说的前瞻性，与超前之间是有区别的，只有有规律、有章法、有计划性的超前才是称得上是前瞻性，不能将创新教育的前瞻性特点与那些毫无章法的超前画等号。通过具体分析，可以将创新教育的前瞻性理解为：这是一种较高的教学目标，教师和学生通过相互配合、共同努力是可以实现的；同时，这一努力的过程中渗透了世界先进的教育理念、教学方法，还与我国的基本国情相结合。由此所得出的教学目标，不仅仅具有显著引导性和超越性的特点，还能保证其可行性，满足现代社会发展以及新课程改革的需求。

2. 全面性

创新教育对教育者的基本要求为：在教育创新过程中，不仅要考虑到学生对本科教材知识的接受程度，更要使学生在关注自身学科知识的同时，更大程度地理解其他相关知识，使学生得到更全面的发展，为他们未来的学习和生活奠定基础。如此一来，学生所掌握的知识能够更加全面，不仅知识结构得以完善和优化，视野也会因此而变得更加开阔，为以后走入社会创造良好的条件，从而使学生偏科现象发生的概率减少，对学生学习的积极性的激发也是非常有帮助的。此外，还要在思想上做到全面性，对学生的学习思维以及兴趣爱好加以关注，这会对学生的学习教育产生指向性的作用。教师也要重点关注这一方面，充分了解并把握学生的各方面特点、能力水平，对学生的优点以及兴趣爱好了然于胸，然后以此为依据，对不同的学生进行有针对性和侧重点的引导，以此来有效保证他们的全面发展。

3. 实用性

实用性是创新教育非常重要的一个价值，也是实施创新教育的最终目的。创新教育作为一种实践创新的教育形式，一定要加以大力推广和普及，并以此来进一步培养创新型人才。

4. 时代性

我国的教育形式是随着时代的更替而不断发展的，从最早的私塾，发展到现在的实践创新教育，体现出了社会的发展历程。学校由被动的教育向创新性教育的转变和学生由机械式的学习到创新性学习的转变，是教育事业中最重要的两个转变，抓住了现代化教育改革的核心和本质，能够将实施创新教育的鲜明时代性特征反映出来。

5. 超越性

创新教育从本质上来说就是引导学生不断学习和前进，使他们能够努力学习，能够不怕困难，勇于挑战，这就要求教师要积极进行引导，使他们树立崇高的理想和拥有坚定的信念。同样的，教师自身也需要不断超越自我、勇往直前。

6. 探究性

学生只有将探索的兴趣激发出来，产生学习动机和动力，才能真正地提高和锻炼思维和学习能力。因此，学生应当主动参与到课堂当中去，充分发挥自身的智慧，认真思考教师在课堂上提出的问题，提出自己的解决方案。对于教师来说，要对学生的思考和提出的想法加以鼓励，保护学生的创新性，使学生在积极的学习状态下，更好地进行创新，进而保证学校创新教育的顺利实施。

7. 应用性

创新教育的应用性，即指在总结创新实践教学的基础上，把创造学理念运用到社会实践或者实际教学上。随着社会的发展进步，科学技术的不断更新，新的教育思想、教育手段、教育器材层出不穷，这也进一步拓宽了学生的思维、视野。在教学过程中，如果能够科学利用新鲜的教育方法所起到的作用是非常显著的，但是不管教育的创新理论怎样变化，有一点是不变的，即基本目标。教育目标仍然要与教学大纲相贴合，仍然以课程中心思想为参照。由此，要保证创新教育的顺利落实，创新教育与实际教学应用相结合是一种必然，这对于国家的可持续发展也是有利的。

（三）创新教育与传统教育的区别

通常来说，创新教育与传统教育有如下三个方面的不同。

1. 教育目标方面

创新教育的目标是培养具有创造性的学生。与传统教育相比，创新教育在教育目标方面与其有以下几方面的不同。

第一，虽然创新教育与传统教育一样也比较注重让学生积累更多的知识，但不同的是，创新教育更重视的是学生具有合理的知识结构。

第二，虽然创新教育与传统教育一样也比较注重培养学生各方面的能力，但更重视对学生创造能力的培养。

第三，创新教育相信人人都具有创造力，而且这种创造力是可以通过后天的教育而被开发出来的。

第四，创新教育认为应该根据学生的特点将他们培养成不同的人才。

2. 教学原则方面

与传统教育相比，创新教育在教学原则方面具有以下几个特点。

第一，创新教育倡导的是在教学过程中教师教给学生的不仅仅是告诉他们该怎么做，还要知道学生是怎么想的。

第二，创新教育要求教师在教学时应进行的是开放性的启发而不是封闭式的教育。

第三，创新教育要求教师在教学时所传授的不仅仅是知识，还要使学生通过不断学习获得创新性思维。

第四，创新教育要求教师不能简单地让学生去学会真理，还要让学生学会自己去发现真理。

第五，传统教育教学质量的提高依靠的是教师的教学知识和经验，而创新教育教学质量的提高依靠的是教师对教学所进行的科学研究。

第六，创新教育不是搞"题海战术"，而是要求学生在学习的过程中多想、多问、多发现问题，启发学生的好奇心，使其能够大胆质疑。

3. 评价学生方面

与传统教育评价相比，创新教育评价具有以下两个方面的特点。

第一，创新教育评价学生学习的好坏，不仅仅要看学生对知识的掌握程度，还应看学生对所学知识的运用能力，即学生是否可以通过所学知识去分析和解决各种问题。

第二，创新教育评价需要具有创造性的评价管理，即评价的主体、评价的内容等都应具有创造性，因为在充满创造性的环境中能够为国家培养创造型人才。

（四）创新教育的主要内容

创新教育的主要内容包括以下几个方面。

1. 学习教育

学习教育的目的就是教会学生怎样有效地去捕捉知识，掌握学习的方法和技巧。灵感只会光顾那些有准备的头脑。所谓准备，也包括知识准备。但是由于知识总量在不断膨胀，因此不能过分强调基础知识。知识多的人，如果没有创造欲望，就无法创新，而有创造欲望的人知识少一点不怕，他会迅速地去捕捉知识。随着网络技术的不断发展，通过网络进行学习将成为最方便、最有效的学习途径。

2. 思维教育

思维教育的重点是加强培养学生的创造性思维，特别重视对学生想象能力、发散思维等的训练。思维教育就是要激发学生的好奇心，开发学生的创新思维。

创新能力的强弱首先取决于创新性思维能力的强弱，所以加强对学生创新性思维的教育、培养和训练是非常重要的。在思维教育过程中，对学生的一些奇怪的想法应该多加鼓励和赞扬，引导他们大胆想象，这样学生的欲望和好奇心才有可能被激发出来，也才有可能取得成功。具体来说，应该做到以下几方面。

第一，在教育教学的过程中，应尽最大努力让学生参与进来，鼓励他们多动手、多动脑，不断探索。

第二，鼓励学生摆脱传统观念的束缚，可以一题多解，充分发挥其发散性思维。

第三，应尽可能地为学生提供条件，为其创造出可以自由创新的机会。

3. 人格教育

人格教育的目的是培养学生健全完整的人格。创新能力与人格有着非常密切的关系。从创新教育的角度来说，良好的人格是人的创新能力发展的动力。塑造好的人格特征，对今后从事创新活动、取得事业成功具有重要作用。人格健全的学生，其所思、所想和自己的行为能够统一起来，言行一致。他们积极进取，具有积极向上的世界观、人生观和价值观。他们心智健全，勇于面对困难和挑战，具有远大的理想和为之而努力的决心。人格教育应当特别注意帮助学生树立正确的人生观和价值观。应当让学生理解和亲身体会到，对发明创造者而言，工作便是一种无与伦比的享受；发明的目的不仅在于赢得名声和财富，重要的是展示人生的价值，为社会和人类造福，这才是一种最崇高的生活动机。

4. 发现教育

发现教育的目的是培养学生积极探索求知的精神，以及发现新事实、新规律、新问题、新需求、新机遇的能力。发现教育就是要培养学生强烈的好奇心、旺盛的求知欲和敏锐的洞察力，对任何问题都要问一个"为什么"，把探索科学的奥秘作为终生的追求，从观察到的大量事实中找出问题的关键所在。要通过发现教育让学生知道，世上还有许多事物的规律尚未被人们所认识，等待着他们去观察、探索和发现。

5. 发明教育

培养学生提出新设想、构造新事物的能力是发明教育的目的。发明教育要做到以下几方面。

第一，要通过大量发明事例的介绍，破除学生对发明的神秘感，相信自己有创造发明的能力。

第二，要教会学生掌握若干发明的技法，特别是缺点列举法、移植法、检核表法等。

第三，要创造条件，使学生在科技小发明、小制作实践活动中不断提高构思和动手的能力，鼓励学生参加各种形式的发明比赛。

第四，要教育学生善于利用前人的发明成果和发明方法创造出自己的发明成果。

6. 兴趣教育

兴趣是人们对某种事物或者特定对象的一种喜爱，是人在探索某事或某物时所产生的一种乐趣。这种乐趣能够使人们全身心地投入，有时甚至可以达到忘我的程度。在这种乐趣中，人们可以得到极大的心理满足。兴趣是推动人们学习的动力，当人们对某一事物产生浓烈的兴趣时，就会注意力集中，想一探究竟。此时，人们最容易受到外界的教育。

7. 信息教育

信息教育也叫"情报教育"，是培养学生获取、整理、储存和运用信息的能力，教会学生充分利用报刊信息、网络信息、视频信息、专利信息和市场信息，进行信息的分析、加工和重组，为创造活动服务。现在老师和家长都很担心学生上网影响学习，互联网以独特的魅力吸引着广大青少年。如何引导学生正确上网十分重要，可以采取以下方法进行。

第一，努力规范网络行为，加强学生自控意识。

第二，规范教学行为，正确引导学生使用网络。

第三，经常给学生推荐一些积极健康的网站。

第四，培养信息鉴别能力，提高学生网络学习的质量。

8. 艺术教育

艺术教育就是要培养人们对于美的认识和理解，培养其具有艺术的表现力和创造力。事实证明，在创造活动中，科学会促进艺术，艺术也会促进科学。因此，卓越的科学家都有很强的艺术观念，艺术家也很重视科学。艺术教育十分有利于学生创造才能的发展。因此，学校应大力加强音乐、美术等课程的教育，组织多种艺术活动，激发学生的艺术想象力、表现力和创造力。非艺术专业的大学生，应有意识地多参加一些艺术讲座和丰富多彩的文艺活动，培养艺术素养，促进创造力的开发。

9. 个性教育

个性教育就是通过开展各种各样的活动，及时发现学生的智慧潜能和创造力并加以鼓励和培养，使学生的个性得到充分和谐、健康的发展。事实证明，各种不同类型的创新型人才，其知识结构是不同的。学生正处于成长阶段，所有教育工作者都要懂得爱护、尊重和激发学生的主动性、积极性和独立性，把培养积极进取、各具特色的个性作为教育中的一项重要任务来抓。在保证基础知识教育的前提下，使学生的个性得到充分、自由的发展是培养创新型人才的最有效途径。

10. 未来教育

未来教育的目的是让学生树立面向未来的思想，了解人类社会未来的发展趋势，了解中华民族所面临的机遇和挑战，了解未来社会需要什么样的人才，使学生增强使命感和责任感，改变原有的思维方式，明确今后的前进方向，为创造美好的未来、为中华民族的全面复兴而努力学习。在未来的一二十年中，新技术、新材料、新能源将以更高的速度突飞猛进，我们的教育应该面向未来，应当对学生进行未来教育，树立远大的理想。

二、创新教育的理念

创新教育的理念包括以下内容。

（一）唤醒创新意识

创新意识是在一定的价值观的指导下表现出来的一种创新动机和欲望。它是一种积极的、富有成果性的表现形式，是人们进行创新活动的内在驱动力。创新意识是一种与时俱进的、勇于探索的精神状态，它可以体现在社会生活中的方方面面。一个具有创新意识的人，凡事都敢为人先，敢于探索和创新，总能在生活中发现机遇，他们往往不满足于现实，时刻准备着创新。明确创新意识更细致的内涵，保持求知欲、激发好奇心、培养和挖掘想象力、大胆质疑等，这些都是必不可少的方法。创新意识是现代人必备的素质，是创新活动的起点。没有创新意识，就不会有创新活动。

（二）训练创新思维

创新思维是指个体能够以超乎寻常的方式去解决问题的思维过程。通过这种思维，能够突破常规的思维模式，用超乎寻常的思维方式和方法去处理和解决问题，提出不同的意见和想法，从而产生具有创新意义的研究成果。一项创新成果的取得往往需要经过长期的探索和无数次的失败才能获得，而创新思维能力也同样是需要长期积累才能够得到的，训练创新思维还需要经过想象、推理、联想以及知觉等一系列过程。所以，培养学生的创新思维，一定要突破思维定式，拓宽思维视野。

（三）完善创新人格

创新人格是指人们在后天的学习中逐渐形成的，在一系列的创新活动中逐渐积累和发展起来的，是优良的理想、信念、道德、意志、情绪等非智力素质的总和，是一个人能够长期持久地、坚韧不拔地从事创造性工作的内在动力。创新人格对促进创新成果的生成和创新人才的发展具有极大的促进作用。因为具有创新人格的人，通常具有远大的理想、坚定的信念、高尚的道德、坚强的意志、丰富的情感。因此，完善创新人格也是创新教育的重要内容之一。完善创新人格内在的规律和原则具体表现在以下几方面。

第一，早期教育的原则。即重视早期的智力开发、情感培养和意志训练。

第二，协同教育的原则。即将学校教育、家庭教育、社会教育协同起来。

第三，自我教育和终身教育的原则。强调培养受教育者自尊、自爱以及使其形成终身学习的态度。

（四）培养创新能力

创新能力是一种由各种能力组成的综合性能力，是指运用所学的各种知识和理论，在不同的领域中提供经济价值、社会价值等各种价值的一种能力。高校应该创造各种条件培养学生的创新能力，以使学生能够在日后走上工作岗位后具有创新能力，为企业带来效益，为社会做出贡献。

第二节 大学生创业教育课程体系建设

一、大学生创业教育课程设置的指导思想

（一）充分落实教、管结合的育人思想

教师的主导性和学生的主体性这两者作为创业教学的两个方面，相辅相成、相互促进。这就要求师生必须密切合作，共同推动学校创业教学的发展。创业教学一个非常重要的意义就在于明确规则，严守纪律，教导学生应该做什么，不该做什么，什么时候适合做什么事，这也是有序开展创业教学活动的基本保证。在创业课堂上，学生遵守纪律，学习知识，按规则允许的范围完成动作，以增强个人的学习体验。这种学习体验对于学生将来毕业走上社会也具有重要的意义。

（二）重视风气教育

学风、教风、校风，具体表现为校园舆论、价值观念、学生行为准则、道德规范等，这些都是由学校中的师生共同创造的。学校各学科的教学在长期实践中形成了自身独特的风气，创业学科的教学同样如此，我们可以将学校的创业风气理解为校园创业文化，其所具有的育人功能非常强大。在创业教学中，培养学生的创业兴趣与创业参与积极性非常重要。只有学生对创业感兴趣，才能在创业课上自觉配合，课后自觉参与创业活动，并在日常生活中关注创业相关内容。久而久之，学生便能形成良好的创业锻炼习惯，并通过锻炼达到强健身心、提高心理素质、增强意志品质的目的。

（三）重视示范教育

创业教师本身就是学生的审美对象，他们的一言一行都有可能被学生模仿，对学生具有潜移默化的影响。所以，创业教师一定要注意自己的一言一行，给学生必要的引导，为学生做好示范。

（四）遵循一定的取向

1. 忠实取向

创业课程的实施过程其实就是将已经制订好的创业课程方案予以执行的过程。在这个过程中必须忠实地执行方案，使课程的实施有条不紊地进行，减少出错概率，避免遇到问题后手忙脚乱，无法应对与处理。从创业课程实施的这一取向来看，创业课程能否成功实施，要看创业课程方案的实现程度如何。如果实现程度高，那么成功实施的可能性就大；而如果实现程度低，那么就会影响课程的顺利实施。我们强调忠实地执行课程方案，并不是说一定要按部就班，在具体实施过程中还要根据实际情况灵活调整，必要时要进行一些改革与创新，从而达到比预期更好的效果。

2. 相互适应取向

在创业课程方案的实施过程中，实施主体要与实施情境建立相互适应的关系，以学校或教学对象的实际情况为依据调整课程方案中的因素，使之与学校情境相适应。除此之外，还要改善教学情境来适应创业课程方案，促进创业课程计划的顺利实施，实现预期的教学目标。

3. 创生取向

在一定的教学情境中，创业教师与学生共同参与创业课程的实施，并在这个过程中共同形成有价值、有意义的教学经验。师生形成经验需要在一定的材料基础上进行"再造"，这个材料就是创业课程方案或创业课程计划。创业教师与学生按照已经制订好的课程计划开展教学活动，实现教学目标。在整个过程中，学生不仅能有所收获和进步，创业课程体系本身也会渐渐完善。创业课程方案是非常重要的教学资源，也是创业课程顺利实施的重要基础。

二、大学生创业教育课程设置的要素分析

（一）课程设计特征

1. 根据学生发展的需求和身心特征确定课程目标

创业教育课程根据创业与健康课程的学习目标和内容性质，设置了运动参与、运动技能、身体健康、心理健康与社会适应四个方面的学习目标，然后再根据不同年龄

学生的身心发展特征、由低到高的发展顺序，将基础教育阶段的 12 个年级划分为水平一至水平五，并在此基础上设置了发展性的水平六，在每个水平上设立了更加明确和具体的水平目标。学校和创业教师根据教学的需要，在设置学年目标、学期目标、单元目标、课时目标时，通过替代、拆解、整合的方式，一步步将目标细化，最终将课程目标落实到每一节课中，从而实现以学生发展为中心的理念。

2. 根据课程目标、学生兴趣以及课程资源选择教学内容

在目标引领内容的理念下，创业教师在选择教学内容时，有了更大的空间和自由。教师可以结合当地特色，研究在现有条件下如何达到课程目标，如何激发学生的学习兴趣，如何利用和开发现有教学资源来达到教学目的，开展丰富多彩的创业课程教学。

（二）课程教学方式

1. 强调自主学习

创业课程强调的自主学习更多注重的是学习的主体性，强调的是学生自觉、主动地参与学习活动，获得持续的学习动力，形成良好的学习态度，获得较强的学习能力。在现代创业课程教学中，创业教师越来越注重给学生的自主学习提供机会，创造良好的学习环境，提供充足的时间和自由的空间。比如，教师会引导学生尝试不同的练习方式，达到增强素质的目标。此外，创业教师关注学生自主学习还体现在课堂教学结束后教师引导学生评价自己的学习成果，引导学生之间相互评价。

2. 鼓励探究学习

探究学习方式有助于对学生的判断能力、分析能力及质疑精神进行培养，也能促进学生探索意识与创新意识的增强。主动性的探究学习方式与被动性的接受学习方式相比，其体验性更强，实践性更鲜明。

3. 注重合作学习

对学生来说，合作学习是激发灵感、增加学习收益、加深学习体验的有效方式。随着创业课程教学的不断发展，合作学习方式越来越受创业教师和学生的青睐。需要说明的是，合作学习不等于分组学习，将学生划分成若干学习小组的方式是可以培养学生的沟通合作能力，但这并不是合作学习的全部，只是其中的一种形式而已。除此之外，组建学生队伍参加比赛也是锻炼学生合作学习能力的一种重要形式与途径。

（三）课程教学主体

1. 挖掘与培养学生潜能

每个学生都有自身的个性特点和潜能，采取一定的手段，学生的潜能就能被挖掘与开发出来。创业教师要坚信这一点。学生的众多潜能中包含创新潜能，这是一个非常重要的潜在能力。挖掘与培养学生的创新潜能，有助于对创新型人才的大力培养。教师要相信，潜能的大小与学生的成绩没有必然的联系。教师在平时的教学中注意挖掘与培养学生的潜能，这是一项非常重要的工作内容。

2. 培养学生的创造意识与能力

学生的创新素质能够通过丰富的教育内容和多元化的教育手段得到培养与提升。教育的这一功能与作用非常重要，教师要在正确认识这一功能的基础上想方设法将其发挥到最大程度，促进学生创造意识与创造能力的提升。

3. 培养学生的创新思维能力

每个学生的个性不同，综合素质也存在着一定的差异。因此，教师在对待所有的学生时，要能够了解与尊重学生的不同个性，针对不同的学生有针对性地进行教育，将统一要求与弹性要求结合起来。

4. 善于运用启发教学法培养学生自己动手解决问题的能力

创新教育的主体是学生，教师要在平时注意提升自己的创新能力，这样才能对学生的创造性进行积极的培养。学生在自主学习的过程中往往更容易开动脑筋，拓展思维，所以教师要打破教师主动教与学生被动学的传统课堂模式，留出一定的时间让学生自主学习、合作学习、探索学习，使学生将其主观能动性和潜在的能力发挥出来。教师可在课堂上创设一些问题情境，启发学生主动思考，积极寻求解决办法。久而久之，就能有效提高学生自己动手解决问题的能力。

（四）课程师资建设

由于创业课程具有跨学科和实践性比较强的特点，所以该课程的师资队伍应该具有较高的水平，不仅要掌握较专业的理论知识，还要具有实践经验。目前，很多高校都倾向于聘请社会上的一些成功的、有创业经验的专业人士或者企业家，这已经成为高校开展创业教育师资建设的一大趋势。

（五）课程设置管理

1. 国家教育主管部门进行宏观管理

我国教育主管部门制定的课程标准主要发挥宏观指导作用，而在如何展开教学、如何评价、如何编写教材及开发利用教学资源等方面只是提出了一些可行性较强的建议，从宏观上给予指引，从而使地方创业课程教学更有原则性、方向性。可见，国家教育主管部门为地方创业课程教学提供了较为自由的自主发挥空间。

2. 地方教育部门制订地方性课程实施方案

我国各地的经济发展水平、文化发展水平、生活方式习惯都有一定的差异，因此创业课程的实施必须灵活，以适应不同地方的社会发展水平，满足各地学生的不同需求。对于国家在宏观层面上制定的课程标准，各地都要积极落实，并以宏观标准为依据，与本地客观实际联系起来，从而制订与实施适应本地发展实际的创业课程教学方案。地方性的课程实施方案负责监督管理本地学校课程的实施，并科学指导本地各校对创业教学计划的制订，是学校落实课程标准的保证。为了将课程标准精神更好地贯彻下去，各地教育部门积极组织教育工作者学习课程标准的精神，使教育者能够将课程标准与本地教学条件结合起来，着手学校创业课程教学的具体实施工作。

3. 学校制订本校创业课程实施计划

学校在设计本校创业课程实施计划时，要对本校学生的基本情况、学校的教学环境与条件、师资队伍的实力等因素予以综合考虑。学校创业课程实施计划应包括以下内容。

第一，创业课程实施的目标包括本校不同年级的不同水平目标和具体学习目标。

第二，创业课程教学的内容。

第三，创业课程实施的策略。

第四，不同教学内容的课时安排。

第五，创业课程教学方法的运用。

第六，创业课程实施效果的评价，包括学生体质健康评价、创业知识水平评价、创业技能水平评价等。

学校制订本校创业课程实施计划要与本校实际相结合，计划内容要包括以上内容。学校创业工作者要完成课程实施计划的制订任务还是有一些挑战的，因为很多创业教师都习惯按照上级制定的创业教学大纲安排教学工作，而现在要对课程内容、教学方法、评价方式及教学时数进行自主选择与安排，并且要以本校学生的实际情况和本校教学条件为依据来进行，还是有一定难度的。

创业教师要将自身的主观能动性充分发挥出来，敢于打破固有教学模式，勇于探索新的教学方案，如此才能做好创业课程实施工作。对此，国家和地方都很重视培训创业教师，使其能够在国家课程标准和地方课程实施方案的指导下有目的地完成学校创业课程实施计划的制订工作，最终实现创业课程教学目标。

三、大学生创业教育课程体系建设的原则

大学生创业教育课程体系建设应遵循以下三个原则。

（一）理论课程与实践课程相结合的原则

理想的创业教育课程应该是理论课程与实践课程相结合的，甚至实践课程所占的比例更高。美国学者蒂蒙斯认为，创业教育的理论课程与实践课程都具有明显的侧重方向，创业教育的理论课程侧重的是对理论知识的教育，而实践课程的侧重点则是对大学生创业能力的培养，比较重视实践方面的能力，可以通过创业实习、创业竞赛、情景模拟等方式使大学生获得创业方面的各种经验，从而为以后的创新奠定基础。创业人才的培养不仅要求大学生掌握一定的创业理论知识，还要求其具有一定的实践经验。只有理论与实践相结合，才能使学习者在获得理论知识的同时提高自己的实践能力，从而达到培养创业人才的目标。因此，大学生的创业教育一定要坚持理论与实践相结合的原则。

（二）创业课程与专业课程相融合的原则

在设置大学生创业课程体系时，要考虑将创业课程融入大学生平时所学的专业课程之中。另外，要开设大学生创业通识教育课程，尽可能地扩大大学生创业课程的普及面。学院还应该对大学生学习创业课程的方式加以明确规定，将创业教育课程设为必修课或者选修课，并且要保证拥有良好的师资和充足的教学时间，将创业教育课程纳入学分制体系，让学生在修满一定的课时时可以获得相应的学分。

（三）跨学科专业开设交叉课程的原则

创业教育课程是一门涵盖社会学、经济学、心理学、管理学等多种学科的综合理论课程，单纯开设某一学科的创业教育课程并不能达到创业教育的人才培养目标。因此，各大高校应该整合创业资源，在开设高校创业教育课程时准许不同学院、不同专业的学生跨学科学习相关知识，以加深学生对创业教育的理解程度，同时也能使其全

方位掌握各方面的知识。总之，高校的创业教育一定要遵循跨学科专业开设交叉课程的原则。

四、大学生创业教育课程体系建设的目标

正确定位大学生创业教育课程体系建设的目标是设定教学内容和选择教学方法的前提条件，目标定位是否合理对大学生创业教育的成功与否具有重要影响。概括来说，在设定大学生创业教育课程体系建设目标时应做到以下几方面。

（一）共性目标和个性目标相结合

大学生创业教育课程体系建设的共性目标是开展全校性的课程，培养大学生以创业精神和创业素质等为核心的创业基本素质。具体来说，创业教育就是一种针对全体高校学生进行的旨在通过高校创业教育课程，掌握最基本的创业知识，积累一定的实践经验的创业基本素质教育。高校开展创业教育的目的就是使高校学生掌握一定的创业素质和能力，成为一个具有良好的创业竞争力和发展潜力的人。

大学生创业教育课程体系建设的个性目标是对一些具有强烈创业欲望和创业才华的学生进行重点培养，使他们在大学期间能够掌握更多的创业知识，获得更多的创业实践经验，提高创业方面的综合能力。创业教育的最终目的是希望大学生能够付诸实践。而在具体的创业活动中，创业者的创业知识、创业意识、创业心理素质以及创业实践能力直接影响着创业的活动方式和效果。因此，对于不同的大学生，高校一定要加以区别，分类施教，注重引导，要善于发现那些具有创业才华和创业实力的大学生。对于这类学生一定要在对其灌输理论知识的同时注重对他们进行创业实践方面的教育，并尽可能地为他们提供创业所需要的资金、场地以及技术等方面的支持，为其创业活动的顺利开展和后续的一些发展提供更多的支持。

总之，高校在设定大学生创业教育课程体系建设目标时，一定要将共性目标与个性目标相结合，在保证学生掌握了创业基础知识之后，应尽可能地为其提供创业实践方面的支持。

（二）与高校人才培养目标一致

高校的人才培养目标要反映社会的经济发展对人才的各种需求，而社会经济的不断发展和社会需求的不断变化，也必然会促使高校人才培养目标不断进行调整。具有现代意义的大学刚刚出现时注重培养的是"通才"，而并不承担培养某一方面人才的

任务，大学人才培养的目标注重的并不是专业知识的培养，而是重视高校学生的智力发展和情趣的高雅。那时候的科学技术不发达，社会分工也不精细，对人才的要求程度不高，所以，当时的高校不以培养专业人才为目标也是无可厚非的。但随着社会的不断发展，到 19 世纪的后期，社会分工越来越精细，高校的专业设置开始逐渐多样化，实用人才开始出现。到了 20 世纪，社会的不断发展开始对专业人才的需求量急剧增加，为此，高校所开设的一些应用型的课程受到了人们的青睐。20 世纪二三十年代，欧美的一些高等学校试图实现学生的自由化教育，正是在这一时期，美国提出了通识教育的概念，希望在专业化教育的同时能够教给学生一些共同的知识，但无论是通识教育还是专业化教育，其最终的目标都是让毕业生能够找到合适的工作。近些年，我国提出了将创新教育与创业教育相结合的创新创业教育理念，这是因为创新与创业是密不可分的，创新是创业的基础，而创业则是创新的重要体现形式。

（三）与专业教育目标对接

大学生创业教育课程体系的建设是一项系统化的工程，要考虑将专业教育的目标与创业课程教育的目标相融合和统一，要将创业教育目标纳入专业课程教育目标中去，从而培养学生的多种能力。另外，在创业教育与专业教育目标融合与统一的过程中，要充分考虑学生的差异性，因材施教，形成多层次和多层面的人才培养目标，整合学生的多种能力，使其既具有适应未来社会发展所需要的创业知识和创业能力，又具有良好的科学知识素质和人文精神素养，从而成为融专业知识和创业技能于一身的全方位人才。

五、大学生创业教育课程体系的实施

（一）转变教育理念

1. 转变家庭教育观念

家庭是孩子的第一所学校，家庭对孩子的影响是终身的，尤其是在心理素质方面的影响。家庭教育对孩子能够形成良好的心态和具有乐观向上的精神都具有重要的作用。因此，家长一定要起到模范的作用，要关心孩子的成长，多陪伴孩子，及时与孩子沟通。总之，家长一定要转变家庭教育观念，具体来说应做到以下几点。

（1）家长应尊重孩子的选择

家长应该转变自己的观念，多鼓励孩子参加一些社会实践。如果条件允许，而且孩子也有足够的能力，可以鼓励孩子积累一些创业方面的知识和经验，以为之后的创业做准备。另外，家长还要注重培养孩子的思维能力、办事能力以及解决问题的能力，注意不要挫伤孩子的积极性，更不能伤害他们的自尊心；对于孩子所遇到的一些困难，要鼓励他们自己想办法去解决，培养他们良好的抗压能力和解决问题的能力。

（2）家长和学校要加强沟通

只有在对孩子有充分的了解的前提下才能更好地教育孩子，对于这一点，家长和学校一定要注意配合。家长对于自己孩子的一些习惯及优缺点能够了解得更多一点，而学校则会对学生所学的知识掌握程度以及能力水平了解得更多一些。只有家长和学校进行更多的沟通，才能更加有目的和主动地对学生进行指导教育，也就能为学生以后的创业打下坚实的基础。

（3）条件成熟的学校可以组织家长相互交流

一些条件比较成熟的学校可以多组织家长进行交流，使家长对创业教育有一个全面的了解，也能够使一些思想比较保守的家长转变对大学生创业的一些偏见，转而支持大学生创业。

2. 转变高校教育观念

高校要将教育模式与社会接轨，转变教育观念，以创业素质教育为核心，不断提高大学生的各项素质。高校不应仅仅让学生掌握基本知识，还应让他们掌握一些创新思维和能力，要教育学生树立良好的择业观念，努力将与所学专业相对口的就业观念转变为积极创业的动态观念，让大学生明白毕业之后不一定只有就业这一条路走，还可以自己去创业。创业不仅能够让自己有事可做，还可以为更多的人提供就业岗位。另外，高校还应该对传统的人才培养模式进行改革，改变观念，大胆创新，以培养社会所需要的综合人才为宗旨。在当前的就业形势下，提高大学生的创新创业能力势在必行。

（二）高校应采取的举措

1. 实施创业教育教学机制

（1）改变教学观念

创业教育的目的在于在传授给学生知识的同时能够培养学生其他方面的能力，诸如养成刻苦钻研以及终身学习的习惯等，要让学生掌握科学的学习方法和技巧，使其能够主动学习，坚持学习，从不断的学习过程中学会创造，培养其主动探索的精神。

（2）改变管理模式

高校要根据社会发展的实际需要，与时俱进地制定出适合大学生发展的开放式的教学管理模式，从而真正做到以人为本。可以将一部分的管理工作交给学生，让全体教师和学生都参与到教学管理中来，这样，每个人才能将之作为自己的事情来对待，对于学生的发展和学校的建设都具有积极的促进作用。

（3）改变教学评价

教学评价不仅要考虑学生的学业成绩，还要考虑其社会实践情况。鉴于此，创业教育对高校的教学评价提出了新的要求。高校应该根据社会的实际要求制订培养计划，调整专业结构，从教学课程和教学模式等方面进行改革，以提高大学生的社会适应能力和竞争力。

2. 打造创业教育专业化师资

创业教育应加强以下几个方面的专家队伍的建设。

（1）工程技术类

高校可以聘请该技术类的专家作为客座教授，为学生讲解相关领域的知识，使学生能够在学校期间掌握更多的知识和技能。

（2）成功创业类

在进行创业教育的过程中，一些成功的企业家的讲授往往比较受广大学生的青睐，这是因为这部分企业家在创业过程中取得了较大的成功，所以对大学生进行创业教育比较具有说服力。另外，成功的企业家在对大学生进行教育的过程中所提到的一些自己在创业过程中所遇到的困难和积极处理的办法，也同样具有较大的影响力，对培养大学生的创新精神和创业心理素质具有重要作用。

（3）经济管理类

经济管理类的专家比较了解市场，对市场的动态变化比较敏感，对现代经济发展的运行轨迹也比较熟悉。因此，此类专家可以以顾问的身份参与到高校创业教育的建设体系中，用他们所具有的渊博知识教育和引导大学生，为其传道解惑，增强大学生的市场敏感度和对经济政策的领悟力，从而为大学生将来更好地适应市场的变化奠定坚实的基础。

（4）政府部门类

政府部门是市场运作的决策者，在市场经济的发展变化中起着引导和监督的作用。高校在对大学生进行创业教育的过程中，可以聘请一些政府部门的人员来指导大学生创业，这样做既能够为高校的创业教育提供政策性的保障，又能够使高校更好地把控好宏观方向，从而为大学生创业提供更好的支持。

（5）风险投资类

风险投资家的经历对于大学生学习创业知识和技能具有重要作用。他们可以告诉大学生，无论做什么事情都会有风险，让大学生们一定要具备良好的心理素质，要有面对各种困难和解决困难的能力，只有这样才有可能取得创业的成功。

（三）优化创新创业环境

1. 培育浓厚的校园创业文化

校园创业文化是全校师生敢于开创事业的重要文化载体，校园创业文化氛围的营造需要全校师生的共同努力。高校可以通过举办相关的论坛、讲座以及创业竞赛等，鼓励全校师生参与其中，努力培养大学生的创业意识和能力。大学生的创业能力是需要从实践中锻炼的，所以，高校应尽可能地为学生提供条件，让学生参与到创业的实践中去，从中获得宝贵的创业经验。高校具有得天独厚的创业市场和环境，应为学生提供自由开放的校内创业市场，让大学生可以充分利用高校的资源进行创业锻炼。学生对学校的创业资源比较了解，也有利于培养高校学生的创业素质。针对大学生资金短缺的情况，高校可以设立专项资金，并成立风险管理组织，为大学生提供支持。高校还可以聘请相关专家进行评审，选出一些切实可行的大学生创业项目，并进行适时调控，以保证风险资金的顺利回收和循环使用。另外，高校还应该利用各种现代化的资源，为学生搜集一些可以利用的创业信息，帮助学生了解国家政策和创业形势，以保证大学生创业成功。

2. 营造良好的社会创业氛围

高校要积极营造一个良好的创业文化氛围，从精神和舆论上让大学生接受创业教育，实现资源的优化配置，让一些成功的创业者参与高校创业文化氛围的建设中，让大学生从这些成功者身上受到启发，从而努力学习创业知识，提高自己的创业能力。另外，高校还应重视高校创业教育师资队伍的建设，无论是在经费方面还是在培训方面都应给予倾斜，充分提高创业教育教师的素质，提升他们的教育热情和积极性，从而形成浓郁的创业教育氛围。

3. 建立和完善创业组织机构

各高校应该统一思想，建立和完善创业组织机构，保证创业中的各项工作都能落实到位。此外，高校还应设立创业教育的考核机构，分阶段地对创业教育效果进行考核，及时发现问题。

4. 加大政府对高校创业的支持力度

为了避免高校中的创业教育存在形式化的问题，政府应该出台相关政策对其进行维护。目前，根据高校的实际情况，同时也为了满足市场的需要，我国政府已经出台了相关政策，这对优化大学生的创业环境具有重要作用。另外，各地政府也根据当地的实际情况出台了相关政策，这些政策都是为了保证大学生能够更好地接受创业教育，并且能够将创业更好地付诸实践。

5. 发挥创业教育中介优势

创业教育中介产生于西方，至今已经有百年的历史了。创业教育中介组织对于政府、高校和社会而言就是一个桥梁。创业教育中介的作用越来越重要，它们既可以对大学生的创业项目进行评估，还能够对大学生创业者进行培训。更为重要的是，还可以提供非常重要的创业信息，对大学生创业具有重要的引导作用。同时，它也可以为高校及时提供各种有用的信息，这些信息有助于高校及时发现问题和解决问题，也有利于高校的长远发展。另外，创业教育中介组织还可以为政府与社会公众提供信息服务，加强他们之间的沟通与合作。创业教育中介组织还能对高校实施创业教育进行客观公正的评估，对更好地监督高校创业教育的实施具有积极意义。

6. 强化校企合作

创业教育的最终目的是将理论付诸实践，而企业恰恰能够为大学生提供创业实践的机会，同时也能够为大学生创业在资金方面提供相应的支持。因此，加强校企合作具有重要作用。高校非常重视与企业的合作；而企业为了增加自己的知名度和吸引人才，也非常乐于与高校合作。无论对于企业，还是高校来说，校企合作都是一条共赢之路。

第三节 大学生创业积极心理品质的培养

一、积极面对，客观认知

（一）能够积极地面对就业

在就业过程中，积极、客观地面对就业现实是非常关键的。大学毕业生既要学会直面现实，又能适应现实，以积极的心态面对就业竞争。要提前做好各项就业准备，如学习未来工作中需要掌握的基本技能，全面提高自己的综合素质，培养有效沟通的能力和执行力，正确地认识自我及就业形势等。同时，要深入挖掘各种资源，广泛搜集需求信息，寻找合适的职业目标，及时主动推销自己，大胆应聘，抓住机遇尽早签约。在面对困难与挫折时，能保持积极的心态，并采取积极行动，不断克服不利条件，创造有利条件，最终取得成功。

（二）能够客观地认知自我

客观地认知自我是择业中的关键环节。老子说："知人者智，自知者明。"每个人的兴趣爱好、能力水平、性格特质都不同，适合的岗位自然也不相同。因此，大学生在求职时，正确、客观地认知自我，进行入职匹配，努力使自我评价与社会对自己的评价趋于一致，确定合适的就业目标，有助于顺利就业。为了提高求职效率，大学生可以利用霍兰德职业兴趣量表、气质类型量表、人格量表等量表进行入职匹配测试，做到知己所长、知己所短，知己所能、知己所不能。同时，根据自己的客观情况，及时调整择业目标，既不眼高手低做力不能及的事，也不妄自菲薄放弃可能的发展机会。

（三）能够客观地认知环境

1. 客观认知社会环境

对社会环境的正确认知，有助于主动把握社会的职业需求，并针对就业单位的不同要求，积极调整自己的知识结构，主动满足招聘单位需求。大学生可以结合当前政治、经济、文化等发展现状，分析自己即将进入的行业或者领域的发展趋势。如《中医药发展战略规划纲要（2016—2030年）》《中医药法》的颁布和大健康时代的到来，县区级中医院、基层医疗机构的用人需求量持续攀升，健康管理、保健养老、康复医院、体检中心、药膳药浴等企业的专业人才需求进一步加大，对中医院校学生的就业就是一个非常利好的消息。随着社会老龄化程度的加剧，托老所、养老院、护理院、照料中心等市场需求持续走高，护理学、老年医学、康复治疗学等专业领域的学生将拥有大量的发展机会。

2. 客观认知学校环境

大学教育是按照专业门类来培养学生适应职业需要的基本素质和能力的过程。大学生不仅要学好专业知识，具有较高的专业能力，还要充分利用学校大学生就业指导平台获取必备的就业知识、技能和信息，利用大学生心理咨询平台学习情绪管理的方法和技巧，利用校友平台获取就业信息和就业帮助。此外，大学生在校期间还要积极拓宽自己的知识面，如利用学校的辅修、选修、双学位、证书考试等，拓宽自己的就业途径和范围。如护理学专业的学生在专业学习的同时，还可以辅修营养师、健康管理师等。

3. 客观认知家庭环境

家庭环境也是影响择业的重要因素。在就业过程中，大学生要综合考虑家庭成员的意见、经济收入、社会资源等情况，权衡利弊，顺利就业。特别是家庭经济困难的学生，更要考虑在就业过程中来自家庭经济方面的限制，如果家庭成员确实不能为自己提升学历层次提供经济保障，最好考虑先就业，待时机成熟，再选择是否继续深造或另选其他理想岗位。

二、拥有完善的人格

完善的人格是大学生心理健康的重要标志，人格健康决定着个体的顺利成长和成才。随着社会竞争压力的加剧和大学生自主择业模式的日益完善，大学生只有根据职业要求不断完善自己的职业特质，才能够使自己在激烈的竞争中脱颖而出。一般来说，人格健康表现为能够稳定地调控情绪、具有良好的人际沟通能力、能够积极地面对挫折等几个方面。

（一）能够稳定地调控情绪

情绪是人对一系列主观认知经验的通称。情绪具有组织、调节、动机和信号的功能，是影响人们生活、学习、人际交往的重要因素。情绪常和心情、性格、脾气、目的等因素互相作用。积极的情绪可以促进认知的发展，消极的情绪则反之。情绪调节是个体管理和改变自己或他人情绪的过程。成功的情绪调节可以使个体处于良好的情绪状态，以适应社会和环境的需要。由于多种因素的影响，在择业过程中，大学生作为一个特殊的求职群体，面临着特定的压力与挑战，摆在他们面前的常常是希望与痛苦并存、失望与机遇同在。大学生在求职过程中，如果能够客观地认识遇到的压力和挫折，积极调节自己的不良情绪，以合理的方式缓解不良的心理状态、控制情绪低潮，顺利就业还是相对容易。

（二）具有良好的人际沟通能力

在实际工作中，一个人的沟通协调能力是很重要的。良好的沟通往往会使人很快在工作中打开局面，赢得更加宽松的发展空间，并且有更强的成就感；而沟通不畅则经常会让人感到举步维艰，有较强的挫折感。大多数企业在选择毕业生时，如果备选者专业能力相当，会优先选择沟通能力强的学生，甚至有的企业（如营销岗位）对毕业生专业知识要求相对不高，反而更强调人际沟通能力的重要性。良好的人际沟通不仅是大学生交流信息、获取知识、认识自我、完善自我的必要手段，还是大学生个性发展与社会协调进步的重要条件。

（三）能够积极地面对挫折

挫折是指人们在有目的的活动中，遇到无法克服或自以为无法克服的阻碍，使其需要或动机不能得到满足的情况。就业是从学校进入社会的转折点，在此过程中遇到挫折是正常的。挫折并不可怕，以正确的心态合理地看待它，及时调整好情绪，把挫折转化为新的动力，不仅能够磨炼自己的意志，还会促进个体的飞速成长。如果用消极的心态面对挫折，就会导致意志消沉、一蹶不振等不良后果。所以大学生在求职时一旦遇到挫折，要保持冷静、理智，尽快重新树立信心，同时找出受挫原因，及时总结经验教训，认真分析存在的问题，从而找到解决问题的办法。应把挫折视为锻炼自身的宝贵机会、提高个人修养的难得磨砺，以加快自立自强的转化过程，成为新时代的开拓者。

三、拥有合理的职业价值观

职业价值观是价值观在职业选择上的体现，是人们对于职业目标、职业选择、职业价值取向的总体看法，也是一个人对职业的认识和态度及对职业目标的追求和向往。合理的职业价值观对大学生首次就业和未来职业的发展有着重要的影响。合理的职业价值观可以帮助大学生确定合理的职业期望值，提高自我认知和职业认知能力，增强自主择业和竞争择业意识，树立正确的职业价值取向。同时能够帮助大学生处理择业过程中可能面临的复杂关系、各种矛盾冲突等问题，促使他们沿着正确的发展方向实现自己的人生理想，推动个人职业生涯的科学发展。

四、毕业生常见心理问题及原因

（一）常见心理问题

当前大学毕业生常见的心理问题有因认知偏差导致的急功近利、盲目攀比、自卑、自负、依赖、从众等心理问题，也有因情绪调节不当导致的焦虑、嫉妒、消极等不良情绪。

1. 急功近利

急功近利心理是指大学毕业生在择业时过分看重地位、看重待遇，甚至为了眼前利益宁可放弃长远职业规划的一种表现。调查结果显示，部分大学毕业生择业时优先考虑收入因素,其次才是个人价值实现、权利和社会地位、地理因素及未来发展机会等,这直观地体现了大学毕业生在择业时存在一定的功利性。择业中的功利心往往让人忽略了职业兴趣、能力和发展前景等重要因素,容易导致入职匹配不当,不论对社会发展还是对个人发展都极为不利。长此以往,甚至会影响社会的和谐与稳定。

2. 盲目攀比

盲目攀比是指不顾自己的具体情况和条件,盲目与高标准相比,导致过分夸大尊重的需要,虚荣动机增强,甚至产生极端的心理障碍和行为。通常情况下,产生攀比心理的个体与被选作参照的个体之间往往具有较大的相似性。部分大学毕业生求职择业过程中总会抱有不同程度的攀比心理,主要表现就是忽视自身特点,对自我缺乏客观正确的分析,不从自身实际出发,不考虑择业时的各种综合因素,而是盲目攀比,以谁去了知名度高、效益高的单位,谁去了大城市或高层次部门作为自己求职的标准。更有甚者,会出现急功近利、求大求全的想法,只看到别人的工作比自己好的方面,却忽略了这份工作是否适合自己,而白白错失宝贵的就业机会。

3. 自卑

自卑心理是一种缺乏自尊、自信的心理状态,它往往产生于暂时性挫折,其主要原因是自我认知不足。自卑的人总是用自己的劣势对比别人的优势,从而造成自尊和自信的受挫。大学毕业生初次就业时,由于就业面窄且缺乏必要的心理准备,加之承受能力也较差,一旦遇到挫折和困难,极易产生自卑心理。

自卑心理的主要表现是对自我评价过低,在就业过程中缺乏展现自我、推销自我的信心,模糊或否认自己的优势,逃避就业中的竞争。部分大学毕业生还会自认为所学不是热门专业或者学习成绩不如别人而丧失勇气。特别是当屡遭挫折时,对比成功应聘的同学,更容易加重自卑的心理,从而严重影响就业。

4. 自负

自负心理与自卑心理相反,是由于自我评价过高而产生的一种心理状态。这种心理容易在一些名校或专业紧俏的大学毕业生中出现。在自负心理的驱使下,部分大学毕业生就业时好高骛远,盲目地表现出优越感,容易给招聘单位留下"眼高手低"的不良印象;在就业过程中对用人单位过分挑剔,非大城市、大企业不留,而否定急需人才或偏远地区的用人单位,给别人留下狂妄、好高骛远、缺乏自知之明、难以合作的不良印象。最后导致高不成低不就的境地,甚至容易因为达不到心理预期而悲观失望。

5. 依赖

依赖是指依靠别人或事物而不能自立或自给的一种心理生理过程。依赖性的产生往往和家庭环境、家庭教育有着密切的关系。部分大学生从小养尊处优，始终在父母和老师的指导下学习、生活，很少自己独立做决断，造成社会经验缺乏、社会竞争意识不强、主动推销自己的信心不足。面对初次就业，他们往往会感到无所适从。他们没有为就业做充分的准备，却将希望完全寄托于学校、老师及亲人身上。从个人长远发展来看，这样对外部条件过于依赖的心理会令人丧失主观竞争和发展的意识与能力。长此以往，必将被社会淘汰。

6. 从众

从众心理与依赖心理类似，但也有不同，更多表现为个体受群体影响而出现的思想与行为的趋同。具有从众心理的大学生在求职过程中，易受外部干扰，从而不能冷静客观地分析自己的职业规划，习惯用大众的价值观来衡量自身，认为"大多数人钟情的一定是好的"，如盲目从众报考公务员，考取各类证书和考研。由于没有主见，他们不考虑自己做出的选择是否符合自身特点，缺乏自我探索和独立思考，导致在求职中屡被淘汰，或者即便找到工作也会在发展中受到限制和阻碍。

7. 焦虑

焦虑是一种缺乏明显客观原因的内心不安或无根据的恐惧，是人们遇到某些事情如挑战、困难或危险时出现的一种不愉快情绪。焦虑心理对于面临就业的大学毕业生来讲非常普遍，常见原因主要包括因等待时机引发的焦虑、与招聘单位双向选择引发的焦虑、实习与就业冲突引发的焦虑及社会适应能力较差引发的焦虑等。在专业冷门、性格内向、能力不高的大学毕业生中，焦虑心理表现得尤为突出，贫困生和某些特定专业女生也是焦虑心理的高发人群。通常，焦虑心理对就业后的发展影响不大，甚至适度的焦虑可以成为一种激发自身潜力、完善自我认知的良性刺激。但是一旦焦虑较重而不能及时缓解，就有可能发展成为更加严重的病态心理，导致生理上出现一系列负面症状，例如头晕、易怒、失眠、注意力不集中等，严重影响择业就业。

8. 嫉妒

嫉妒是由于自己某方面被他人超越或彼此距离拉近时所产生的一种负面情绪，也是在就业过程中常见的心理问题。产生这种心理的原因在于将别人的进步视为对自己的不利与威胁。嫉妒心理往往会导致大学毕业生为求一时心理平衡，采用不道德手段对别人加以诋毁与中伤。例如，在就业过程中，当其他同学获得一份优越的工作时，某些同学很容易陷入一种技不如人的痛苦中，开始的羡慕往往会转变为不满和不甘心。这时如果不能调整好情绪，可能会做出冷嘲热讽、挖苦别人等行为，更有甚者会做出造谣诋毁等破坏他人就业计划等行为。嫉妒心理不仅可能破坏同窗友谊，还会造成自身困扰，影响自我综合素质的提升。

9. 消极

消极情绪是指在某种具体行为中，由外因或内因影响而产生的不利于继续完成工作或者正常思考的情感，常见于性格内向的大学毕业生。消极情绪包括忧愁、悲伤、愤怒、紧张、焦虑、痛苦、恐惧、憎恨等。有些大学毕业生在求职中遇到挫折，没有合适的宣泄渠道，又不擅长自我排解，在连续打击之下，很容易出现情绪低落、意志消沉的现象。长此以往，他们会失去进取的动力，严重的还会升级为抑郁症，甚至出现轻生的念头。因此，就业过程中的消极情绪必须加以重视。

（二）心理问题产生的原因

1. 社会原因

（1）供需不平衡。高校扩招以来，大学生人数不断增加，涌入劳动力市场的大学毕业生数量也在增长；同时，经济体制改革促使各行各业的发展打破原有状态，产业技术更新换代加速，导致就业竞争偏向于更高层次展开，例如名校之间、重点院校与地方院校之间、学历层次之间。在这种严峻的就业形势下，大学毕业生容易产生心理问题，特别是部分心理素质较差或抗压能力较弱的学生。

（2）"人才高消费"。一些用人单位盲目追求高学历、高学位，例如大专生可胜任的工作却往往会将就业门槛设为大学本科甚至研究生学历。有的用人单位还要求本科和研究生阶段均就读于"985工程""211工程"等重点院校。这样的现象会导致大量的人才浪费，并进一步加大了毕业生的就业压力，导致部分毕业生出现心理失衡，从而引发各种心理问题。

（3）就业歧视。就业歧视包括性别、户籍、身体、经验、学历等方面存在的歧视。例如，有些岗位要求相关工作经验几年以上，有的工作不接受女性应聘者或优先录取当地应聘者。正是由于歧视现象的存在，许多大学毕业生受到不公平待遇，从而增加其消极的社会认知，并导致其就业的积极性和自信心发生动摇，引发一系列的心理问题。

2. 学校原因

（1）教育教学改革相对滞后。我国正处在社会经济转型期，产业结构不断调整升级，对于人才的需求呈现多样化。学校在改革过程中，由于缺乏科学预测和规划，会使得某些专业设置与课程安排不合理，教学改革与师资水平相对滞后，造成人才培养与社会需求脱节，进而影响了大学毕业生就业。

（2）心理辅导工作相对不足。大学毕业生择业期间，基本在实习单位生活学习。实习单位对实习生的就业心理往往关注相对不足，缺乏有效的疏导和应对。有的实习单位未设置专门的心理健康教育机构，有的虽然设置了相关机构，但各方面投入有限，师资、宣传等不到位，这些都影响了心理辅导工作的顺利展开。

3. 家庭原因

（1）父母期望过高。受中国传统观念影响，部分学生的父母习惯将自己的意愿强加在子女身上，并单方面为其决定未来发展方向，希望其选择大城市、高报酬、条件好的招聘单位，而忽视了子女的实际情况和自身想法。这种过高的期望会加剧大学毕业生焦虑、恐惧等负面心理的产生。

（2）父母忽视子女心理状态。传统家庭教育中，子女成绩是父母最关注的指标，而子女的心理状态往往成为最易忽视的方面。当子女在就业过程中遭受挫折时，父母往往不能及时了解并疏导子女的负面情绪，容易导致其心理问题的加剧。

（3）家庭境况。家庭经济水平和家庭成员的关系是影响大学生择业的重要因素。一般而言，家庭经济困难的学生在择业时更注重物质需求，而容易忽视自我需求和自我发展。家庭关系紧张的学生则会因想逃避家庭问题而选择背井离乡。

4. 学生原因

（1）自我认知不清。大学期间，学生心理还处于成长阶段，尚不稳定，易出现情绪波动；而且很多学生缺乏客观分析和认知自我的能力，考虑问题具有很大的主观性和片面性，缺乏理论联系实际的能力。因此，在就业时容易带有相对盲目性。如不清楚自己的就业目标，不明确自己的优势特长，对自己的理想、兴趣、性格、价值观等方面缺乏全方位的定位和认知，不能对所学的知识和能力进行系统评估；同时，也不能客观地对自己和外部环境做出准确的评价和定位，导致不能成功就业。

（2）抗挫能力弱。大学生在校学习期间没有经历过太多挫折和磨难，心理尚不够成熟，对未来估计略显不足。面对如此激烈的就业竞争，容易产生较大的情绪波动，而且没有太多有效手段排解。另外，传统家庭对子女的溺爱也会导致部分大学毕业生缺乏独立性，人际交往能力不足而影响其抵抗挫折的能力。他们一旦在就业过程中受挫，易导致自卑、消极等心理问题出现。

（3）能力储备不足。面对激烈的就业竞争，招聘单位对大学毕业生的综合素质提出了越来越高的要求。但是部分大学毕业生在能力储备方面仍存在缺陷，如有的学生只注重知识的学习而忽略自身能力的提高和就业技能的养成；有的学生基础知识不扎实，综合能力有缺陷；有的学生依赖性强，缺少独立解决问题、解决困难的能力；有的学生过分强调自我价值的实现，忽略了道德观念的培养、完善人格的养成；有的学生没有职业规划，存在择业的盲目性等。这些因素都会造成大学毕业生就业时的心理失衡，进而影响成功就业。

五、心理问题的自我调适

（一）调整就业期望

1. 认清就业形势

大学毕业生要认清日趋严峻的就业形势，树立与经济和社会发展相适应的就业观。第一，在择业前，大学毕业生要分析客观实际，正确认知自我、认知就业环境、认知社会需求，找准自己与社会需求的最佳契合点，以良好的心态迎接社会的选择；第二，要敢于竞争，在客观自我评价的基础上，充分相信自己的实力，敢于通过竞争去实现自己的人生目标；第三，当获得一个理想职业的时机还不成熟时，要从自身的实际情况出发，树立"先就业，后择业，再创业"的意识，把先就业当成取得个人职业生涯经验的重要经历，然后通过合理的职业流动逐步实现自我价值。

2. 转变就业观念

传统就业观认为，大学阶段学习的专业与大学毕业后从事的工作应密切相关。在当前供大于求的就业形势下，大学毕业生应该转变过分强调专业对口、非本专业岗位不就业的想法，进一步解放思想、与时俱进，不拘泥于本学科、本专业，拓宽就业领域。如临床类医学生不必只拘泥于临床医生岗位，亦可从事保健、药膳、养生、康复、美容、家庭护理、临终关怀、医药销售、保险公司的医药核赔师、专门处理医疗事故的律师等职业。

3. 合理调整期望值

就业期望值高是大学毕业生就业时的一个普遍现象，也是人之常情。但是，这个期望必须建立在正确认识社会需求与自身竞争条件的基础上。大学毕业生可以根据现实需求、自身条件，灵活地调整自己的就业期望值，寻找适合自己的岗位，力求做到自身与社会协调同步发展。合理调整就业期望值不是对单位不加以选择，而是在自己的现实条件基础上重新规划职业发展路径，树立长远职业发展观念。如可以选择从大中城市走向中小城市，从繁华都市走向乡镇基层。

（二）正确认识与悦纳自我

悦纳自我是指个体能正确评价自己、接受自己，并在此基础上使自我得到良好的发展。以愉悦的心情接纳自己、容纳自己，接受自己的优点和缺点，明白自己的能力所及，并根据自身的条件，在悦纳自身的基础上调节自身行为，不断完善和塑造自我，促进自身发展。

1. 客观地认识自己

客观地认识自己包括对生理自我、心理自我及社会自我的认知。生理自我的认知是指个体对自己外表及生理状况的观察和了解，包括个体的外貌风度、健康状况等方面；心理自我的认知指个体对自己精神世界的观察和了解，包括对自己的智力、能力、性格、兴趣、爱好、特长等方面的观察和认识；社会自我的认知是个体对自己的社会地位的观察和认识。对大学生来说，主要是自己在班级学校中的位置和作用、社会生活中的举止表现及社会适应能力。总之，要客观全面地了解和评价自己。

2. 欣赏自己的优点

每个人都是独一无二的存在，每一个独特的"我"都有优点与不足。在客观地认识自己的基础上，发现自己的优点，欣赏自己的优点，帮助自己获得自信，从而更加勇敢地面对生活。

3. 接纳自己的缺点

敢于正视自己的弱点，悦纳自己的缺点和不足。事物都具有相对性，每个缺点都对应着相应的优势。因此，学会将缺点进行积极赋义，有助于帮助大学生接纳自己的缺点。

（三）常用的自我调适方法

1. 理性情绪法

人的不良情绪来自人的非理性观念。调整对诱发事件的认识、评价和态度，转变非理性信念，可以消除不良情绪的困扰。

如大学毕业生在择业过程中受到挫折便出现消沉、苦闷或怨天尤人的心理，其主要原因在于自身意识中存在"我非常优秀，单位应该会要我""我过去事事顺利，这次也不应例外"等想法，如果将这些想法加以纠正，不良情绪在一定程度上可以得到控制。大学毕业生可以通过个人职业生涯规划来确立适当的自我概念、全面平衡的自我概念和环境认知，帮助其摈弃非理性信念。如通过个性测试，明白"我是谁"；通过能力分析、环境分析，加强对职业的了解，明白"我能做什么"。

2. 合理宣泄法

合理宣泄法是指把不良情绪通过合理的方式释放出来，防止心理疾病的产生，是一种排除不良情绪的积极方式。为自己的不良情绪找一个合理的方式加以宣泄，可以使焦虑和紧张的心境得到缓解和改善，适度倾诉、写日记、流泪等都是不错的选择。在择业过程中遇到心理困扰时，适度倾诉可将不良情绪随着语言的倾诉逐步转化出去，如可向挚友、师长、家人倾诉忧愁和苦闷，使不良情绪得到疏导和释放，在获得更多的情感支持和理解的基础上重新起航；如果一时找不到合理的倾诉对象或不便向他人倾诉，也可以用写日记的方式宣泄，在重新认知自己情绪的过程中，不良情绪也得到了宣泄。此外，哭也是一种很好的情绪宣泄方法，通过流泪、哭泣将自己内心的苦水倒出来，既可以释放情感能量、调节情绪，也可以将人体内因情绪紧张或悲伤而产生并积累的不良情绪排泄出来，缓解紧张情绪。需要注意的是，宣泄要适度，使用宣泄法要注意场合、气氛和方式，并应是无破坏性的。

3. 注意力转移法

注意力转移法是指个体主动把注意力从引起不良情绪反应的刺激情境转移到其他情景或从事其他活动的自我心理调节方法。大学毕业生在就业过程中出现不良情绪时，可以采取转移注意力的方法，主动离开使心理困惑的场景，寻找一个新的刺激，激活新的兴奋中心，使不良情绪逐渐消失，调整心智达到平衡。如听音乐、做体育运动、郊游、网上冲浪等。

4. 自我暗示法

自我暗示法是指通过主观想象某种特殊的人与事物的存在来进行自我刺激，达到改变行为和主观经验的目的。自我暗示法可以分为积极和消极的自我暗示，积极的自我暗示又称"自我肯定"，是指在内心认为自己正在进步，可以成功并且会越来越好。通过进行肯定自我的练习，用一些积极的思想和概念来替代过去陈旧的、否定性的思维模式。

自卑感强烈的同学可以通过积极的自我暗示来增强自信心。平时多用肯定的语气，如"我能行""别人能干的事我也能干""有志者，事竟成""事在人为""坚持就是胜利"等，增加自己战胜困难与挫折的勇气。用书面形式罗列自己的优势和长处，如个性方面的优势、专业知识技能方面的优势、自己的特长、自身的道德修养、人际交往方面的优势等，张贴或摆放在醒目的地方，时时刻刻提醒自己，增强自信心。还可以把自己人生中曾经成功的案例罗列出来，以这些成功的案例激励自己，以增强自信心，达到积极暗示的效果。

第四章 人工智能与大学生创新创业教育

2000多年前，面对不同学生的相同问题"闻斯行诸"，孔子"因材施教"给出了不同的回答，而迄今为止，因材施教仍是教师追求的终极方向、教书育人的核心要义。因材施教的关键在于了解学生的个性特点和知识薄弱点，从而找到能力空白点和培养着力点，但是这在教学现实中并非轻而易举，一师对多生的客观现状使细致观察和深入洞察每个学生成为难题。

如今，人工智能作为新型教育技术甚至教育模式正在融入和重塑教育，成为因材施教的"超级大脑"。人工智能的通用型技术和教育过程中的数据，与教育专家的经验有效地结合起来，可以形成一个"教育超脑"，从而更好地为各种教育场景服务。比如，能够科学高效地把教育过程中的各种场景信息转换成未来支撑教育服务的大数据，精准全面地评价学生、指出学生学习中的各种问题，最后为学生提供量身定制的个性化教学方案，真正实现从以教为中心转为以学为中心。

第一节 人工智能教育

一、人工智能与教育变革

（一）教育关系的变化

人工智能已经成为教育界和产业界关注和热议的焦点话题。作为一项新型的教育技术，人工智能优化了教师和学生的教育关系。对教师而言，人工智能与教育融合意味着教师可以通过人工智能技术更加科学、高效地处理教育信息和教学数据，从而更加精准、深入地开展学情分析，做出教学决策，最终实现因材施教和人才培养的教育目标。对学生而言，人工智能与教育融合意味着学生可以通过人工智能技术更加全面地参与教学过程，更加个性化地实现学习诉求，更加创造性地提升能力素养。

更为重要的是，人工智能作为一股社会变革潮流，冲击甚至重构了教育中人与人、人与社会、人与机器的关系。教育与人类发展的关系、教育与社会发展的关系，是教育学研究的两大根本主题，但是在信息化、互联网、区块链与人工智能技术叠加发展的新时代，教育与智能机器的关系日渐成为教学过程中新兴且具挑战性的主题。以人工智能为代表的新技术甚至成为讨论教育与人的发展、教育与社会的发展等传统教育关系的重要物质前提。人与智能机器的交互甚至融合打破了主客二分、人与非人的世界观。尤其是智能机器和人机结合体具备了可能超过人类的学习与思维能力，使教育主体与客体、教师主观与客观、教学人与物、学习人与非人这些原本严格分明的界线变得模糊甚至消弭。

这就意味着人工智能在教育过程中，不再仅仅是载体和工具，还会成为教育主体和教育对象。比如，会出现越来越多的机器人教师，虚拟教师至少可以承担一部分的教育教学职能，并且不只是依靠程序、指令、算法运行，还能依靠自我意识、自主学习与自主思维运行，在教育与学习的某些环节和某些方面超过自然人教师。再如，会出现越来越强大的人机结合体，机器会逐步成为学生课堂学习、课下实践与社会生活的一部分。尤其是在智能穿戴设备、可植入设备的加持下，成为人机结合体的学生的学习方向，不只是追求人的发展和社会的发展，还可能转向机器的技术发展路径。为此，学校作为教育场所，亟待从传统的物理空间转型为新型的社会网络。学校教育实现了人类教育从分散的个别教育到有整合的组织教育，历经前几次工业革命的教育内涵和组织模式不断丰富。不过，人工智能带来的技术变革却更可能颠覆和重构学校教育系统，使学校教育的空间边界从有形到无形、时间节点从有限到无限。例如，互联网、物联网、5G技术特别是人工智能技术在教育中越来越广泛地应用，使学校成为万物互联网络的一个组成部分，学校与其他社会组织之间的空间边界消失。再如，随着技术的日新月异，学校教育不再是固定不变、有头有尾的线性过程，而可以成为开放灵活、个性多样的迭代循环过程，学校教育与终身学习能够成为有机整体。

（二）人工智能教育的演变

人工智能教育在20世纪80年代就已受到研究与关注，起初主要解决人工智能技术教育中的应用以及学习辅助系统的设计问题。经过数十年的发展，人工智能教育也不断演变，形成了智能导学系统、教育数据挖掘技术、学习分析技术和学习科学研究社区等多个代表性领域。

具体而言，智能导学系统的核心前提是有效理解人类的一对一教学，定位为通过个性化导学辅助学生课后学习以提高其学习效果。比如文本答案自动评价可根据评分规则进行精确分类，构建适应性学习体验；教育数据挖掘技术则是通过挖掘学生在学习过程中产生的数据（包括脑电信号、眼动仪、皮电信号、表情识别等多模态数据），理解学习者的学习模式并进行相关预测；学习分析技术即测量、搜集、分析并报告关于学习者和学习环境的数据，如解释学习行为、识别高效学习模式、检测低效错误、引入合理教学干预、把握学习进度等，优化学习过程以及学习环境；学习科学研究社区则着重关注如何使用技术或非技术手段，提升实际教学效果，致力于更好地理解学习者的认知过程，并利用各种手段提高学习者认知效率。

2019 年 3 月，联合国教科文组织发布了《教育中的人工智能：可持续发展的挑战和机遇》工作报告（以下简称为《报告》），从三个方面着重探讨了教育中人工智能可持续发展的相关问题：一是利用人工智能改善学习和促进教育个性化、公平性和包容性；二是利用人工智能为学习者的未来做准备，帮助学生为"就业革命"做好准备；三是人工智能在教育应用中的挑战和政策影响，驱动教育管理步入全新轨道。《报告》提出了实现人工智能教育可持续发展愿景的三大途径及其子目标和行动策略：一是构建人工智能时代的教育生态系统，重塑教育活动的时空结构、学习资源的分布形态以及教育者和受教育者之间的关系；二是建设与发展教育科学中的人工智能，利用教育变革推动具有特殊性和复杂性的人工智能学科的建设与发展；三是开发与利用教育大数据，优化教育系统，促进教育创新和变革。

2019 年 5 月，联合国教科文组织在北京召开了首届人工智能与教育大会，会议主题为"规划人工智能时代的教育：引领与跨越"，100 多个国家、10 余个国际组织的 500 多位代表与会，发布了联合国教科文组织第一份关于人工智能与教育的重要文件《北京共识——人工智能与教育》，主要围绕 10 个议题规划人工智能时代的教育：政策制定、教育管理、教学与教师、学习与评价、价值观与能力培养、终身学习机会、平等与包容的使用、性别平等、伦理问题、研究与监测。

二、人工智能教育现状

（一）中小学人工智能教育

如今，人工智能已经逐步深入中小学教育课程体系、教材建设和教学内容当中。2003 年 4 月，教育部发布的《普通高中技术课程标准（实验）》首次提出在信息技术课程中设立"人工智能初步"选修模块。2017年7月，国务院印发《新一代人工智能发展规划》提出了面向2030年我国新一代人工智能发展的指导思想、战略目标重点任务和保障措施，指出"支持开展形式多样的人工智能科普活动""实施全民智能教育项目，在中小学阶段设置人工智能相关课程"。2018年4月，教育部印发的《教育信息化2.0行动计划》提出"信息素养全面提升行动"，要求"完善课程方案和课程标准，充实适应信息时代、智能时代发展需要的人工智能和编程课程内容"。《普通高中信息技术课程标准（2017年版2020年修订）》中，则进一步地将人工智能的内容更充分地融入信息技术课程中，设计了"人工智能初步"（包含人工智能基础、简单人工智能应用模块开发、人工智能技术的发展与应用三部分内容）作为高中课程方案选择性必修模块，明确制定了课程内容和学业标准，并对教学策略提出建议。

同时，人工智能教育也在加速中小学教师实现智能升级。2019年4月，教育部印发的《关于实施全国中小学教师信息技术应用能力提升工程2.0的意见》，提出以信息化教学方法创新、精准指导学生个性化发展为重点，创新机制建设教师信息素养培训资源，积极引入大数据、云计算、虚拟现实和人工智能等前沿技术支持的实物情景和实训操作等培训资源。2020年，教育部等六部门联合印发《关于加强新时代乡村教师队伍建设的意见》，提出深化师范生培养课程改革，优化人工智能应用等教育技术课程，把信息化教学能力纳入师范生基本功培养。

（二）高等学校人工智能教育

高等学校教学科研和社会服务是关乎国家未来实力和影响力的重要一环。如何在高等教育领域开展人工智能高端人才培养，已经成为各国人工智能战略的核心问题。培养人工智能专业人才，加强人才储备，是提高国际竞争力的关键。这需要在高等教育中引入与人工智能前沿技术相关的新课程，优化本科、硕士和博士阶段的培养方案。政府机构、大学和合作伙伴需要共同合作，解决人工智能人才的短期和长期需求，在科学、技术、工程和数学方面打下扎实基础，加强跨学科研究和培训的能力建设。

教育部在2018年颁布了《高等学校人工智能创新行动计划》，将完善人工智能领域的人才培养体系作为三大重点任务之一，强调要完善学科布局、加强专业和教材建设、加强人才培养力度、开展普及教育、支持创新创业，全方位综合性地提出指导高校人工智能领域人才培养的指导方针，计划到2030年，高校成为建设世界主要人工智能创新中心的核心力量和引领新一代人工智能发展的人才高地，为我国跻身创新型国家前列提供科技支撑和人才保障。

世界各国也都高度重视高等教育领域人工智能人才培养力度。例如，加拿大政府在2017年制定了《泛加拿大人工智能战略》，旨在大规模增加加拿大人工智能方向的研究人员和毕业生数量，支持三大人工智能研究中心发展，研究人工智能进步所带来的经济、伦理、政策和法律等问题，支持全国性的人工智能研究和规划，以确保加拿大在人工智能研究与创新领域的领先地位。再如，瑞典作为欧洲数字化程度最高的国家之一和欧洲独角兽企业诞生摇篮，积极为企业、高等教育机构和公共部门提供交流平台，通过北欧人工智能网络聚集并利用北欧地区的大学在人工智能领域的创新资源，致力于使北欧成为人工智能研究、教育和创新的全球中心。

瑞士是全球领先的人工智能枢纽，是众多国际知名人工智能领域大学及研究机构的所在地，包括苏黎世联邦理工学院、洛桑联邦理工学院、圣加仑大学以及位于卢加诺的 IDSIA（瑞士人工智能实验室）等。瑞士的人工智能前沿技术已成功吸引了谷歌、IBM 和微软等国际巨头在此进行研究。瑞士同时拥有全世界数量最多的人工智能专利，进驻企业可以得到效的技术转让、可持续的软件系统以及各州政府与中央政府的商业化支持。

2010 年 12 月，瑞士成立了国家机器人能力研究中心，由洛桑联邦理工学院、苏黎世联邦理工学院、苏黎世大学以及瑞士达勒莫尔学院四所大学联合组建，主要任务是加强对可穿戴机器人以及救援机器人的研究。此外，该中心百余位教授和研究者还承担公众机器人教育，促进科研并实现知识和技术商业转化的任务，向创新创业者提供成熟的、系统化的帮助，其中包括帮助他们获得资金支持、完善商业计划以及建立与当地相关产业公司的联系，以使成熟的新项目能以最快的速度进入市场。

（三）人工智能与特殊教育

除了在基础教育和高等教育领域取得的成绩外，人工智能在特殊教育领域也有很大的施展空间。1994 年召开的世界特殊需要教育大会上首次提出"全纳教育"的概念，指出学校应该接受所有儿童，特别是特殊需要学生。全纳教育理念是全民教育思想的延伸与拓展，本质在于提倡教育公平，尤其是关注度较低的弱势群体的受教育权利，不仅强调教育平等，而且重视对残疾儿童特殊教育需求的满足。

缺陷补偿理论作为特殊教育的重要理论之一，提出了缺陷补偿的两种形式：一是用未受损的机体补偿已受损的机体，进而出现新的机体组合和新的联系；二是运用新的技术手段治疗已受损机体，使其得到部分或全面的康复。以听障学生为例，人工智能技术的应用能够有效地重建听力器官功能，补偿听障生的听力缺陷或损失，不仅确保信息最大限度地传递给听障生，为听障生适应教育场景提供必要信息，还能促进智能化教学工具、教学模式、教学评价与教学管理方式的创新，帮助听障生获得更佳的学习体验。当前，人工智能与特殊教育深度融合，不断促进学习过程个性化、教育环境开放化、情感表达外显化，评价机制多元化、学习时长终身化，从而把缺陷补偿的价值发挥到最大，以人工智能技术弥补特殊学生身体或智力的不足，帮助其尽快回归主流社会。

人工智能教育领域的创业者和企业正在为特殊教育做出贡献。一些创业团队研发出特殊教育机器人，能够基于大数据分析，为每一个特殊儿童制订个性化、差异化的教学方案，为特殊教育工作者提供助教服务，从而积极调节了孩子的学习情绪，激发出他们的学习潜力，不断提升这些孩子的社交能力、自信心和学习成效。还有一些创业型公司在特殊教育学校建设 AI 图书馆、AI 宿舍、AI 教室，通过安装人工智能音箱等设备，让特殊教育学校的学生拥有更加便捷的学习生活环境。还有一些科学家团队通过产学研结合，利用人工智能技术为孤独症儿童提供线上的人机交互教育干预，为他们开创安全和经济的泛在学习模式，实现了人工智能科技创新成果的应用推广和社会服务的共赢。

第二节　人工智能与创新创业教育的融合

人工智能正在变革创新创业教育生态，这场变革不是对创新创业教育发展的阻碍，而是创新创业教育发展的契机，因为技术创新与创业行动在人类历史上一直都是相互促进。因此，人工智能时代的创新创业教育正在与人工智能融合、因人工智能赋能。

一、融合基础

（一）学科交叉基础

学科是一套系统有序的知识体系，根据学术本质属性划分为不同科学门类。不过，科学并不是分科之学，即使在 19 世纪就基本形成了科学的分科格局，但是学科的边界其实一直呈现模糊和不确定状态。近代科学发展特别是科学上的重大发现，国计民生中的重大社会问题的解决等，常常涉及不同学科之间的相互交叉和相互渗透。随着人工智能为代表的数字技术的快速发展，依靠单一学科研究或仅从一个视角或层面已经很难解决复杂而充满不确定性的科学问题。因此，学科之间的深度交叉融合为人工智能创新发展提供了新的突破点。

学科交叉意指众多学科之间的相互作用。交叉形成的理论体系，实质上是交叉思维方式的综合、系统辩证思维的体现。学科本身不是一成不变的，学科交叉可视为学科发展、演化的动态过程，最终呈现出交叉学科、边缘学科、跨学科和超学科等多种学科形态。其中，交叉学科是指不同学科之间相互交叉、融合、渗透而出现的新兴学科。2020年8月，教育部公布了"学位授予单位（不含军队单位）自主设置二级学科和交叉学科名单"，交叉学科成为继哲学、经济学、法学、教育学、文学、历史学、理学、工学、农学、医学、军事学、管理学和艺术学之后的第14个学科门类。

学科交叉为人工智能与创新创业教育融合提供了科学支撑。从新工科建设角度来看，人工智能与创新创业教育融合意味着将现有的理工学科专业分割状态变为多学科教育交叉融合培养人才，建设新兴领域专业课程体系和新课程，提升新工科专业教师学科交叉能力，使教学科研项目能真正体现新产业发展要求，特别是新兴产业对于复合型工科人才的迫切需要，激励高校深化产教融合、推进校企协同育人。从新文科建设角度来看，人工智能与创新创业教育融合意味着包括新商科在内的文科教育也要响应新技术大潮实现创新发展，不仅要夯实创新创业基础学科，还要拥抱人工智能积极发展新兴学科，如人工智能和大数据等数字经济领域的创新管理与创业应用新知识体系，让人工智能在"工＋文""医＋文""农＋文""理＋文""文＋文"等新文科建设中发挥催化作用。

（二）学术创业基础

学术创业将学术知识创新和创业价值创造两个主题进行了整合，成为创业领域的重要课题。学术创业是科学实现价值诉求的过程，通过学者和学术组织的创业行为，加速新知识从诞生到商业化的进程，最大化知识的创新价值，从而提高知识对社会发展的贡献水平。在这个背景下，大学作为重要的学术组织，其学术创业行为日益受到管理和教育领域的关注。可以说，学术创业正在推动大学从围墙高筑的"象牙塔"转型为催生创业的"孵化器"，激励不少学者投身创业并成为一股不容忽视的创业力量，从而对科学和社会的变革发展产生重要影响。

根据学术创业导向的不同，学术创业可分为三种类型：一是内向型学术创业。行动主体是在学术组织内部主要从事基础科学研究的学者，他们所从事的创业活动主要是对既有科学实践进行创新。如提出新的理论或发现，构建新的研究领域或范式。这类创业的目的不是实现技术或商业用途，而是寻求对科学进步的贡献，实现在同行范围内地位或声誉的最大化。二是外向型学术创业。行动主体追求具有潜在的或具体市场价值的创新活动，他们的目标是获取发明专利或发明许可以及开创一家衍生企业或新企业，并在商业化的过程中寻求经济利润的最大化。三是中间型学术创业。行动主体通过机构间的合作进行创新，从而获取经济或知识资源来支持他们的研究所或团队，并通过机构间或多学科的联合丰富自己的研究。

学术创业为人工智能与创新创业教育融合提供了两种行动方向：一种是侧重于创

业导向的直接方式，即人工智能与创新创业教育融合，旨在通过顶尖的人工智能科研成果来实现价值创新并获取竞争优势，典型代表就是人工智能领域学者创办衍生企业。在技术创新转化为商业价值过程中，教育伙伴不只是科研同行，更多的是技术人员、企业家和技术市场，人工智能创新创业教育不只是提供公共知识，还可以转化为私人产品。另一种是侧重于学术导向的间接方式，即立足于大学的教学科研活动，聚焦人工智能企业的组织衍生以及学生的相关创业行为，包括在校生从事人工智能创新创业活动，毕业生开创人工智能新事业，就业后转向人工智能领域再创业，在企业内基于人工智能开展创业等。

从大学整体层面来看，人工智能与创新创业教育融合亟待高校树立创业型大学教育理念，让大学教育突破教室和校园的边界，向科技创新的前沿实践领域拓展教学空间。通过人工智能与创新创业教育融合，培育甚至孵化出能够在现实中真正运营的创业项目，而不是将教育仅停留在课本知识的传授层面。这也意味着人工智能创新创业教育的力量更具开放性和多元性，教师队伍不只包括专业教师，还包括校内能够提供项目支持的科研专家、校内外行政管理者和创业者。

（三）学生发展基础

学生是教与学的核心主体，学生发展是教育的中心议题。围绕学生发展的教育，立足学生当前状态，着眼未来发展目标，开发学生各方面潜力，激发学生自主性学习，设计创造性教学环境，实现终身性学习成长。人工智能时代为学生发展赋予了新内涵，学生发展要积极响应甚至主动引领科技创新发展，因此，以学生发展为中心的人工智能和创新创业教育，也需要通过融合，不断促进学生的高质量发展。

创客教育是有机整合人工智能教育与创新创业教育的典型方式之一。面向人工智能时代的创客教育，不只是面向人工智能专业人才的精英培养模式，也是面向"大众创业、万众创新"人才的普惠培养模式，不仅可以孵化出从事人工智能科技创新的技术创客，使这些创客掌握扎实的技术功底和拥有敏锐的创新视野，而且可以激发出契合人工智能时代发展的创客精神，让更多的学生具备人工智能创新创业意识和素养。当前，人工智能开放平台、智能机器人、物联网等新兴技术手段为创客教育提供开放、新颖的体验和创意实践平台。从基础教育到高等教育领域，学生都可以进行人工智能相关的创客项目实战研发，从创客学习体验中感受新兴技术带来的社会变革，用自己的创客作品展示人工智能创新创业知识和技能以及价值追求。

人工智能与创新创业教育融合实现了学生学习的个性化和适切性。个性化意味着人工智能创新创业教育让学生的学习起点更加尊重个性差异，学习过程更加凸显个性特点，学习内容更加聚焦个性潜能，学习方法更加响应个性诉求，学习目标更加丰富个性发展。适切性意味着人工智能创新创业教育具备了科学分析、督导和服务学生发展的技术支持，学习过程可以依据表征学生表现的技术和数据来及时调整教学内容和教学手段，为学生掌握特定的创新创业知识和技能提供了基于个体习得的动态方法和独特体验。

二、融合类型

（一）基于理论和实践关系

根据理论和实践两个维度，可以将人工智能与创新创业的教育融合分为四种类型：培训应用型、助力技术型、加速创业型和创新模式型。

培训应用型，是指"实践－实践"的教育融合类型，即人工智能技术实践与创新创业管理实践的教育融合，常见的做法是通过案例故事指导人工智能创新创业的操作应用。目前，中小学人工智能教材多是为孩子们设计可以边玩边学的人工智能学习内容，虽然教材名称不包含创新创业，但教材内容不乏技术故事的普及和科创能力的开发。同时，面向社会大众的各类人工智能教育通过科普和培训方式提升人工智能创新创业实践技能，以适应劳动力市场的变化。

助力技术型，是指"理论－实践"的教育融合类型，即人工智能技术理论与创新创业管理实践的融合，主要目标在于通过创新创业管理实践助力人工智能前沿技术落地。比如，不少高校人工智能教育不仅新增相关课程、专业和学院，而且特别重视大学科技园、创新创业基地等机构的建设，目的是结合人工智能创新创业项目的开展，推动科研学术领域的人工智能技术通过创新创业教育更好、更快地找到落地的应用场景。

加速创业型，是指"实践－理论"的教育融合类型，即人工智能技术实践与创新创业管理理论的融合，旨在通过人工智能技术实践加速创新创业管理理论升级。创新创业理论学习的背后是创新创业思维的塑造和知识的构建，而人工智能实践会对创新创业思维的形成和知识演化带来重要影响，因此更要关注学生的人工智能创新创业思维和能力。以计算思维为例，这种源于人工智能技术实践的思维方式和知识能力，已融入人工智能时代的创新创业教育体系当中。

创新模式型，是指"理论－理论"的教育融合类型，即人工智能技术理论与创新创业管理理论的融合，通过理论融合变革教育范式、打造新模式。这种类型旨在实现理论的交叉融合和实践的共建共享，通过集智创新催生新型教育和商业模式，表现形式之一就是"智能＋创业"的企业或组织层面活动，在模式创新的同时推动实现人的全面、自由、个性化发展，利用人工智能加快建设开放灵活的教育体系，促进全民享有公平、有质量、适合每个人的终身学习机会。

（二）基于硬件和软件关系

根据教育硬件即教育装备手段和教育软件即教育理念内容两个维度，可以发现人工智能与创新创业的教育融合比较常见的方式是人工智能教育硬件与创新创业教育软件融合，即将人工智能教育装备手段与创新创业教育理念内容相结合。

人工智能教育装备是指运用信息化与智能化技术手段，吸纳前沿的科技创新成果，实施和保障教育教学活动的先进的教育教学仪器、设备、设施以及相关软件的总称。《教育信息化 2.0 行动计划》明确提出，要依托各类智能装备和网络，积极开展智能化教学支持环境建设，加快智能教室、智能实验室和虚拟工程等智能教育装备及设施建设，加强智能教育助手、教育机器人、智能学伴等关键技术研究与应用。

人工智能教育装备融入创新创业教育，表现为以教育科学、认知神经科学、计算机科学等领域前沿成果为支撑，参考沉浸式学习、以学生为中心学习、建构主义学习等理念，关注创新创业教育的虚拟体验、实时仿真、自然交互、感知终端、研创环境、测量评价和管理分析等教育技术问题，通过各学科虚拟仿真实验设备和平台以及以机器嗅觉、机器触觉和情绪理解为基础的多模态感知终端等，来全面创设和支持基于真实创新创业问题情境的线上线下学习，实现教师、学生、环境、过程以及创新创业教学内容的自然交互，促进创新创业教学模式和教学手段的创新变革。

不过，人工智能与创新创业在教育软硬件方面的融合还有其他方式，比如将人工智能作为教育理念内容与创新创业教育理念内容相结合，这两种教育"软件"的交会并非简单添加，而是以数字教育为方向的共振。联合国可持续发展目标中的教育目标提出，教育要以培养人才的数字能力为方向，这就意味着人工智能创新创业者能够通过人工智能为代表的数字设备和网络技术，安全、适当地访问、管理、理解、集成、交流、评估和创建信息，以此参与经济和社会生活。可见，人工智能创新创业素养不是简单的 ICT（信息、通信和技术）能力，而是包含创新创业的量化思维、计算思维、数据化思维在内的综合素养。构建和完善人工智能创新创业学习体系，不仅有助于学生采用越来越强大的数字技术来促进创新创业，更意味着重新思考和调整人工智能时代的教学内容和培养方案，建立跨学科、跨文化、跨时空的核心素养结构。

人工智能与创新创业在教育理念上的融合将带来教育范式的创新。范式是科学研究群体在一定时期内的思维原则、技术和价值观，反映了一套科学活动或理论体系的结构模式，但范式比模式的包容性更大、抽象性更强。从以教师讲授为中心到以学生学习为中心就是一种教育范式的变革。新范式的确立需要具备既能解决众所周知的突出问题，又能保留旧范式解决具体问题的能力，范式一经转变，世界观随之改变。人工智能创新创业教育冲击了同质化、同步化、集权化、标准化、考试化等传统教育范式，带来了教育范式的新变化，涉及教育目标、内容和方法的方方面面。比如，会对教育和教师队伍建设方向产生深刻影响：加速教育评价信息化改革，促进教师队伍现代化治理方式方法变革，强化人工智能时代教师立德树人的能力等。再如，对教育生态的再造：人类社会的感知世界、科学世界和想象世界的高度融合，使教育体系逐步打破三维空间的限制，实现更高级别的交互；而现在的线上线下教育融合其实只是在通向更高维学习世界里的初级形式。

（三）从 STEM 到 STEAM 教育

STEM 教育是让学生面对真实情境中的问题，将科学（science）探究、技术（technology）制作、工程（engineering）设计和数学（mathematics）方法有机统一，让学生运用跨学科的知识和方法来解决实际问题，从而获得应用跨学科的知识和方法，提升自身的创新意识和创新能力，以跨学科整合课程促进学生全面发展的一种教育方式。STEAM 教育则在 STEM 教育基础上加入了包括美术、音乐、社会、语言等人文艺术在内的艺术（arts）创造，主张卓有成效的科技创新与艺术创造具有相通之处，艺术素养能为科学技术和工程数学工作带来丰富想象、开阔视野和美好启发，可以直接或间接地触动和激发个体审美感知和创意冲动，从而充分实现创新成果的转化和价值的实现。

人工智能时代艺术创作与科学技术的融合已经受到高度认可和广泛关注，艺术教育关注的创造力、同理心、想象力和情感正是人工智能无法取代的。目前，弱人工智能在语言、感性和创造力层面只能做到一定程度的模拟，至于强人工智能何时拥有主体性的创造力还是未知数。不过，相信艺术教育与人工智能教育在更广范围、更深层次的融合，能够激发人类无限创造的潜能。

三、人工智能背景下大学生双创教育的重要意义

1. 国家层面：国家战略发展需要

创新创业教育是我国加快建设创新型国家和世界科技强国的重要举措。为提升大学生创新创业能力、增强创新活力，进一步支持大学生创新创业，2021 年 10 月 12 日，《国务院办公厅关于进一步支持大学生创新创业的指导意见》（简称《意见》）公开发布，《意见》提出，全面贯彻党的教育方针，落实立德树人根本任务，立足新发展阶段、贯彻新发展理念、构建新发展格局，坚持创新引领创业、创业带动就业，支持在校大学生提升创新创业能力，支持高校毕业生创业就业，提升人力资源素质，促进大学生全面发展，实现大学生更加充分更高质量就业。

2. 高校层面：高校自身发展需要

高校肩负培养学生思维习惯，完善双创教育体系，提高人才培养质量的使命。高校必须准确把握定位和发展方向，自觉承担起服务经济发展方式转变和现代产业体系建设的时代责任，将打造实践育人创新创业平台作为双创工作的主要抓手，以及提高自身核心竞争力和自我发展的必然选择。

3. 学生层面：学生自我发展需要

无论是就业还是创业，创新创业能力已成为毕业生的核心竞争能力。通过双创教育，大学生可以实现理论与实践的转换，切实了解行业背景，准确了解社会需求，尽早走出象牙塔，接触社会，了解行业。在社会实践与理论学习中有针对性地培养自己，有助于其毕业后快速转变角色，更好地适应工作环境。

第三节　人工智能课程与创新创业教育

创新创业教育是高等教育体系中的重要内容。创新创业教育应结合时代背景、社会需要、人才培养目标、课程体系建设等多方面开展。人工智能是现代科技中的重要领域和发展方向，在培养面向未来智能社会需要的复合型人才过程中，如何通过具体的人工智能导论等基础课程在丰富学生学习人工智能技术的同时，培养学生建立在人工智能理念基础上的创新创业意识，是人工智能教育中的基础性任务和目标。

一、人工智能课程创新创业教育路径

本部分以人工智能导论课程为基础，阐述人工智能课程创新创业教育路径。人工智能导论在人工智能等新工科专业以及传统理工科专业中承担面向学生开展人工智能教育的基础性作用。该课程涉及哲学、脑科学、认知科学、数学等多学科知识，综合性强、实践性强、创新性强、应用领域广。在导论课程中，通过系统阐述人工智能的基本理论与方法，结合人工智能在工业、农业、医疗、军事等多个领域的信息处理和应用案例，使各专业学生在正式进入专业课程学习前，系统全面掌握人工智能理论和基本方法，培养利用人工智能技术和方法解决有关问题的思维及能力，为未来人工智能＋专业学习及融合创新奠定坚实基础。

1. 人工智能理论及方法对学生创新思想培养的作用研究

人工智能是涉及哲学、脑科学、神经科学、计算机科学等多种学科的交叉学科。人工智能主要研究内容包括机器学习、自然语言处理、模式识别、人工神经网络等，在图像处理、生物特征识别、语音识别等很多方面有广泛应用。因此，利用人工智能在交叉学科方面的特有优势，培养学生的创新思想有很大作用。

2. 人工智能创新创业课程教学方法与案例研究

人工智能涉及学科广泛，方法众多，在图像处理、大数据信息挖掘等方面应用也显现出强大威力。但人工智能作为创新创业的一种手段和方法，如何教育学生学习掌握人工智能理论、方法和技术开展创新创业，培养创新思想，是一种新的尝试。因此亟须开展人工智能创新创业课程教学方法与案例的研究，探索多学科交叉人工智能的教学方法和案例教学模式。

3. 人工智能创新创业课程协同育人机制研究

因为人工智能在人脸识别、语音识别、机器翻译、围棋博弈等方面取得了重大突破，并且这些突破多数是在人工智能企业取得的，因此，探索校企合作协同育人机制，将人工智能企业的需求与学校人才培养相结合，更具实际意义。

二、开展创新创业教育的方法与措施

人工智能导论涉及哲学、心理学、脑科学、神经科学、认知科学、数学等基础科学以及控制科学、计算机科学等工程技术学科，是典型的多学科交叉课程。该课程以培养"人工智能+X专业"复合型专业人才为目标，充分发挥人工智能多学科多领域理论、知识交叉的特色，培养学生创新思想和思维。人工智能作为未来颠覆性、变革性技术，将向制造业、服务业、农业等各个行业渗透融合，甚至与金融、管理、财会等传统行业结合，衍生出新行业。该课程将有助于培养面向不同行业需求的人工智能人才，培养学生利用人工智能创新创业能力和水平。为了达到上述教育目标，可以采取以下措施。

1. 培养创新创业意识与能力

（1）培养人工智能创新创业意识。启发学生理解人工智能理论和思想，培养利用人工智能技术创新的意识和创业精神，使学生了解未来社会企业对人工智能创新人才的素质要求；了解人工智能创业的概念、要素与特征等，使学生掌握开展利用人工智能技术创业活动所需要的基本知识。

（2）提升人工智能技术创新能力。通过课程训练，培养学生的批判性思维、洞察力、决策力、组织协调能力与领导力等各项创新创业素质，使学生了解人工智能技术创业能力的基本要求。

（3）认知人工智能创新创业环境。引导学生认知企业及行业环境，了解人工智能在未来的创业机会与创业风险，理解人工智能商业模式开发的过程、设计策略及技巧等。

（4）模拟人工智能创新创业实践。通过机器人创意设计鼓励有一定基础的学生参加人工智能相关竞赛，鼓励学生体验人工智能技术创新及创业准备的各个环节，包括创业市场评估、创业融资、创办企业流程与风险管理等。

2. 构建创新创业知识点

（1）从教学基本要求出发，通过人工智能概念、发展历史、经典理论、方法与技术，强调大历史观下的人工智能发展脉络，引导学生在思想上高度重视人工智能学习，思考人工智能对人类文明、社会发展的价值和意义。

（2）把握人工智能创新思想与方法结合的主线，引导学生掌握利用人工智能开展创新实践与解决问题的思路，利用成功的人工智能案例帮助学生建立对人工智能创新的深层次认知，避免简单停留在单一知识层次或知识的积累，强调多领域知识融会贯通。本课程中人工智能定义、发展历史及现状使学生了解人工智能历史和人工智能哲学思想基础；以知识表示、逻辑推理和搜索技术等知识点为基础，使学生理解在专家系统、智能聊天机器人、知识图谱、智能搜索引擎等方面的创新应用；以人工神经网络基本模型等知识点为基础，使学生理解如何构建深度学习模型，解决人脸识别、物体识别等实际应用问题；在大脑的基本结构与功能等知识点基础上，向学生介绍脑与计算机神经形态芯片、忆阻器与电子大脑、脑计划与仿脑计算等新一代人工智能技术，通过实验演示体验学习如何利用脑机接口控制机器人；通过机器人定义与组成、结构等知识点，介绍工业、服务业等各行业应用机器人类型、功能等，学习机器人控制方法，鼓励开展创意机器人设计；通过深度学习技术与大数据结合，学习用于人脸识别、情绪识别、物体识别等；通过自然语言理解技术与语音识别基础，学习设计聊天机器人等应用案例；人工智能技术如何与大数据结合，如何用于构建城市大脑，用在智慧城市、智能交通、智能家居、智能安防、智能医疗、智能教育等领域；最后强调人工智能对未来人类社会经济、文化、产业、社会和思想以及人类发展自身的影响。

3. 改革教学方法及考核方式

（1）改革教学方法。教学方法现阶段主要以课堂多媒体教学为主，结合实验演示、课后分组设计、竞赛、论文翻译、行业应用案例讲解等多种方法。按照实际教学条件和情况，陆续开展分组研讨、撰写小论文、翻译外文资料、设计比赛方案、机器学习和大数据实验等多种方式考核。

（2）建设教师队伍。课程教师队伍应注重多学科交叉人才建设，比如由具有控制科学与工程、计算机科学、生物医学工程等不同学科和专业背景的教师组成教学小组，或者在人工智能基础理论、无人智能系统、机器学习、智能制造、智能医疗、图像识别等方面具有丰富的教学、科研经验的教师组成教学小组，充分体现人工智能多学科交叉的特点，形成以中青年为主的人工智能教育教学团队。随着国家对人工智能教育重视程度的不断提升，课程教师队伍需要不断提高专业素质和水平，不断吸收更多有志于人工智能教育教学的优秀教师加入。

三、大学生创新创业教育实践育人模式革新路径

信息技术的飞速发展给世界带来前所未有的改变，1与0组成的信息渗入现代社会的每一个角落，人类进入了智能化创新时代。习近平多次强调，要培养学生创新精神，造就规模宏大、富有创新精神、敢于承担风险的创新创业人才队伍。基于此，本部分结合大学生双创教育实际，研究提出人工智能背景下大学生创新创业教育实践育人模式的革新路径。

近年来，在智能产业化推动国家发展的大趋势下，"互联网＋传统产业"的深度融合，不断创造出中国经济新的增长点。创新成为这个时代的标志，创造力成为这个时代最强的竞争力。做好人工智能背景下大学生创新创业教育改革实践，推动创新创业高质量发展，打造"双创"升级版，为国家提供具有创新意识、创新精神和创业能力的大学生，是高校培养高素质人才的意义所在。

1. 树立创新创业教育理念

将双创教育与专业教育有机融合，建立全程渗透的双创教育体系，增强学生的创新意识，提升学生的创业能力。引导广大教师树立创新创业教育理念，在专业教育的基础上引入双创教育理念、翻转课堂，把学生作为创新创业教育的主体。

2. 建设创新创业师资队伍

在已有的专业教师队伍的基础上，增加创新创业导师，建立校内导师和校外企业家相结合的导师模式。聘请企业大咖、创业典范等作为兼职教师，加强与其他高校的交流培训。做好师资队伍建设规划，选拔一批中青年学科技术能手作为稳定的教学师资。支持优秀教师到企业挂职锻炼，从教学考核、职称评定、培训培养等方面给予支持。

3. 参加企业实习实践训练

组织学生参观企业，深入一线岗位，学习企业的产品开发与实践，分享行业、产品、市场经验，锻炼实习实训技能。通过企业的管理理念、运营机制、技术成果展

示，帮助大学生获得最前沿、最专业、最实用的创新创业知识。开展多形式、多渠道、颇具特色和富有成效的实践活动，培养学生创业实践能力，营造开放活跃的创新创业氛围。

4. 推动创新创业平台建设

利用现有的空间场地，建设和改造实验室，吸引社会力量参与高校双创教育。推动校企协同育人基地建设，积极整合内部资源，争取外部资源，完善基地条件，发挥基地聚集效应和辐射效应。高校充分发挥人才优势和科研资源优势，建立并依托国家大学科技园，配套场地、人员、经费、制度，为学生创新创业打造良好的硬件设施和完备的软性服务。

第四节　人工智能创新创业教育展望

人工智能不仅是一门亟待学习的创新技术，更是面向未来的创新趋势，其所蕴藏的创业机会和创新价值不容忽视，而且已经受到创新创业者的高度关注。当前人工智能带来的巨大影响，渗透在人类个体工作、生活的方方面面，颠覆甚至重塑经济增长和社会发展的范式。面对这次技术革命带来的冲击，创新创业教育必须跟上这股技术浪潮，也应当去引领这场社会变革。

一、发展数字经济

数字经济是指以使用数字化的知识和信息作为关键生产要素、以现代信息网络作为重要载体、以信息通信技术的有效使用作为效率提升和经济结构优化的重要推动力的一系列经济活动。发展数字经济，有利于增强人类处理大数据的数量、质量和速度的能力，有利于推动人类经济形态由工业经济向信息经济、知识经济、智慧经济形态转化，进而极大地降低社会交易成本，提高资源优化配置效率，提高产品、企业、产业附加值，推动社会生产力快速发展，同时为落后国家后来居上实现超越式发展提供了技术基础。正是得益于数字经济提供的历史机遇，我国得以在许多领域实现超越性发展。

发展数字经济，一是要坚持均衡普惠的原则。加强新一代信息基础设施建设，提升互联网普及率，在拓展"互联网＋"应用中不断缩小数字鸿沟，让人们共享数字技术的红利。二是要贯彻深度融合的理念。既要壮大电子商务、云计算、网络安全等数字产业，也要通过推动互联网、大数据、人工智能与实体经济深度融合，创造出产业互联网、智能制造、远程医疗等数字化产业新业态，促进传统产业转型升级。三是要抓住全球数字经济快速发展的机遇。要发挥制造大国和网络大国的优势，不断提升数字技术研发能力和产业创新能力。

为此，人工智能创新创业教育要在要素、结构和功能等方面实现数字转型，服务数字经济发展。在教育要素方面，要突出人工智能为代表的数字技术特点，不断丰富教育要素的自由性、开放性、生产性和高效性内涵。在教育结构方面，要响应数字经济的复杂生态特征，让学校与数字世界紧密连接，实现在教育空间和时间上的系统再造。在教育功能方面，要提供灵活的场景与高阶的任务帮助学习者建构认知，依托人工智能技术所支撑的学习体验。总体而言，人工智能推动了知识创造和传播方式的创新，使每个创新创业学习者都能在知识创造中进一步发挥其价值，通过知识的社会化表达与分享实现自我价值和社会价值的最大化。

联合国教科文组织在2019年发布的《教育中的人工智能：可持续发展的挑战和机遇》中提出了数字能力素养评估框架，包括七个能力板块及其相关子能力，对人工智能创新创业人才培养具有参考价值。这七个能力板块包括：一是软硬件基础知识能力板块，其子能力包括硬件基本知识（如开关、充电、锁定设备）、软件基本知识（如用户账户和密码管理、登录以及如何设置隐私）；二是信息和数据素养能力板块，其子能力包括浏览、搜索、过滤数据、信息和数字内容，评估数据、信息和数字内容，管理数据、信息和数字内容；三是沟通与协作能力板块，其子能力包括：通过数字技术互动，通过数字技术共享，通过数字技术实现公民参与，通过数字技术协作，网络礼仪，管理数字身份；四是数字内容创建能力板块，其子能力包括：开发数字内容，整合和重建数字内容，版权和许可，编程；五是安全能力板块，其子能力包括：保护装置、保护个人数据和隐私、保护健康和福祉、保护环境；六是问题解决能力板块，其子能力包括：解决技术问题，确定需求和技术响应，创造性使用数字技术，确定数字能力差距，计算思维；七是与职业相关的能力板块，其子能力包括为特定职业领域（如工程设计软件和硬件工具）运行专用硬件、软件或使用学习管理系统提供完全在线或混合课程所需的知识和技能。

世界经济数字化转型是大势所趋。数字化转型以创新发展为方向，以数字经济和实体经济深度融合为根基，通过互联网、大数据、人工智能等新型数字技术对实体经济进行全方位、多角度、全链条的改造，深化数字技术在生产、运营、管理和营销等诸多环节的应用，实现企业及产业层面的数字化、网络化、智能化发展，不断释放数字技术对经济发展的放大、叠加、倍增作用。数字化转型是传统产业实现质量变革、效率变革、动力变革的重要途径，对推动我国经济高质量发展具有重要意义。

数字化转型的政策措施主要有：一是加大数字新基建的建设力度，充分发挥5G、数据中心、工业互联网等新型基础设施的头雁效应；二是强化系统的布局，组织实施制造业数字化转型行动计划，培育数据驱动型企业，鼓励企业以数字化转型加快组织变革和业务创新；三是继续打造系统化多层次的工业互联网平台体系，发展新模式新业态，促进大中小微企业融合发展，提升整个产业的整体竞争力。

二、服务智慧社会

2017年，党的十九大报告中首现建设智慧社会的表述，勾勒了中国未来发展的新图景。智慧社会意味着数字化和智能化的公共服务和社会治理，"只带一个手机就能出门"的生活方式，特别是新冠肺炎疫情防控期间的智慧科技应用，已经让人们真切感受到了智慧社会的便利。智慧社会是继农业社会、工业社会、信息社会之后人类社会发展的新阶段，以万物互联为基础、以大数据分析为手段、以人工智能为支撑、以智能化生产生活为目标，在精准分析"个体＋物理＋社会"关系的基础上，主动感知响应社会现象，预测和防范社会风险，为人们带来差异化、精细化、多元化的精准服务。智慧城市是人工智能创新创业推动智慧社会建设的一个缩影。共享经济、共享单车、数字支付、智能应用程序、众包、众智等多样化的创新创业平台，为智慧城市市场体系建设提供了技术支撑；从中央到地方以及一些行业主管部门出台的规划政策，为智慧城市"互联网＋微经济"的治理体系建设提供了政策支撑。可以说，人工智能创新创业者成为智慧城市建设中最具活力的主体。例如，智慧零售助推中国网络购物屡创纪录，福建省推出的"数字福建"、浙江省推动的"最多跑一次"等智慧政务形式给老百姓带来了极大的便利，各个行业领域推出的智慧家居、智慧社区、智慧交通等平台也都展现出智慧社会的魅力。

不过，也需要清醒地认识到，互联网领域发展不平衡、规则不健全、秩序不合理等问题也日益凸显，因此，民生保障始终是智慧社会建设的核心使命。这就意味着人工智能创新创业教育，不能仅限于狭义的技术创新或商业创业领域，有必要充分依托信息化、智能化手段，培养人才放眼为群众提供多样化、普惠化、均等化的公共服务领域，让人工智能创新创业为经济社会可持续发展提供助力，推动社会发展鸿沟和数字鸿沟的弥合，保障更多民众享受到数字经济发展红利。目前，乡村振兴和积极应对人口老龄化，作为智慧社会建设的时代议题，值得人工智能创新创业教育重点关注。

脱贫攻坚取得胜利后，全面推进乡村振兴成为中国"三农"工作的重心，而促进互联网、物联网、区块链、人工智能、5G、生物技术等新一代信息技术与农业融合已经成为乡村产业的工作要点。数字农业、智慧农业、信任农业、认养农业、可视农业等新业态为人工智能创新创业者提供了施展才能的广阔舞台，也为人工智能创新创业教育提供了服务"三农"工作的人才培养方向。

人口老龄化是今后较长一段时期我国的基本国情。积极应对人口老龄化是贯彻以人民为中心的发展思想的内在要求，而技术创新正是积极应对人口老龄化的第一动力和战略支撑，特别是要提高老年服务科技化、信息化水平，加大老年健康科技支撑力度，加强老年辅助技术研发和应用。国务院办公厅在 2020 年 11 月印发的《关于切实解决老年人运用智能技术困难的实施方案》就反映出老年人在运用智能技术方面依然存在不少困难，如何为老年人提供更周全、更贴心、更直接的便利化服务，这些社会痛点可以作为人工智能创新创业教学关注的市场机会，也会使人工智能创新创业教育培养出的人才更有温度。

三、建设绿色生态

伴随新一轮科技革命和产业变革的深入发展，绿色低碳循环发展成为大势所趋。党的十九大确立了高质量发展的重大命题，强调创新、协调、绿色、开放、共享的新发展理念。绿色发展是高质量发展的重要标志和底线，是引导经济发展方式转变，构建人与经济、自然、社会、生态、文化协调发展新格局的重要战略部署。2019 年 5 月，国家发展改革委、科技部印发《关于构建市场导向的绿色技术创新体系的指导意见》，明确了绿色技术的内涵体系。绿色技术具有服务绿色发展、人与自然和谐共生的属性，具有动态性和阶段性特征。从当前的发展实际看，面向绿色发展和生态文明建设的技术都属于绿色技术，是指降低消耗、减少污染、改善生态、促进生态文明建设、实现人与自然和谐共生的新兴技术，包括节能环保、清洁生产、清洁能源、生态保护与修复、城乡绿色基础设施、生态农业等领域，涵盖产品设计、生产、消费、回收利用等环节。

人工智能技术也可以作为绿色技术在创新创业领域为生态文明建设发挥积极作用，而且人工智能的绿色技术价值和关键地位也开始受到关注。从管理输入端看，人工智能领域的绿色技术是新兴创新资源和创业机会，而创新创业则成为这些绿色技术的主要转移方式；从管理过程看，人工智能领域的绿色技术嵌入创新创业各环节，共同推动企业管理范式从唯营利导向转型为社会创新导向；从管理输出端看，人工智能领域的绿色技术与创新创业的融合，不仅有助于企业通过创新技术创造出兼顾经济、环境和社会三重底线的可持续发展价值，而且促进了经济社会与自然生态各系统行动主体的联动。随着机器学习和深度学习的发展，人们现在可以利用人工智能的预测能力，以更好的数据驱动的环境过程模型来提高研判当前和未来趋势的能力，包括水的可利用性、生态系统的复制和污染。

不过，从全面提升绿色发展和高质量发展的要求来看，人工智能创新创业活动还存在绿色技术创新能力不强、绿色产业竞争力较弱、低能耗产业比重偏小等问题。为此，有必要在人工智能创新创业教育中深入贯彻绿色发展理念，探索生态文明与科技创新、经济繁荣相协调、相统一的可持续发展新路径，推动人工智能创新创业教育关注节能减排，为优化绿色生态环境做出教育贡献。比如，在教育过程中重点关注污染治理、清洁生产、绿色装备等绿色技术创新领域的应用问题，推动绿色生态领域的深度研发和环保产品的创新供给，培养人才投身绿色化、智能化和可再生循环进程，参与各类组织的绿色转型，成为绿色、高效、低碳的生产体系和生活方式的先行者。

在 2020 年 9 月召开的第七十五届联合国大会上，中国向世界做出庄严承诺：力争于 2030 年前实现碳达峰、2060 年前实现碳中和。这为中国经济社会发展全面绿色转型指明了方向。绿色教育理念应当成为人工智能创新创业教育的核心理念，人工智能创新创业人才需要树立鲜明的环境保护意识、绿色发展素养。高校以新农科、新工科、新理科、新文科建设为引领，统筹推进绿色人才培养模式变革，为生态文明建设提供高质量的人工智能创新创业人才支撑。

第五章　人工智能创新创业思维变革

在人工智能时代，知行合一依然是一种内生的源泉动力，为创新创业者提供思想营养，启发人们"格物穷理，知行合一，经世致用"，坚持问题导向，实现价值取向，追求实践方向。

人工智能时代，你可以不学习人工智能技术专业，但是不能忽视人工智能思维方式。人工智能也有知与行，通过机器学习采取智能行动；人机协同，也是人与机的知行协同；人工智能创业者整合新技术和新思想，让虚实的人与机、知与行在一体化中创造系统性价值，这更是对知行合一的"硬核"诠释。未来的超人工智能将具备自主思维意识，今天的我们是不是也需要进行思维变革，在知彼知己中行稳致远？

第一节　创业思维与管理思维

一、创业思维

（一）思维、认知与创业

思维方式是指思维系统中各要素相互作用、相互制约而产生的倾向性的思维结构形态或思维模式。认知模式是指人们依赖于以往的经验而形成的对特定事物相当稳定的看法和理解，不仅包括自身的知识结构，还包括人们运用相关知识思考问题的方式以及据此做出取舍的考量。人工智能时代的知识更新速度前所未有，人们需要学会在变化情境中进行跨界知识的迁移、修补、组合及重构来解决问题，这种学习离不开思维的管理，不再是简单地习得知识，还需要培养和塑造高水平的认知能力。

创业思维作为一种社会科学思维，以人本主义的价值观为本，与自然科学思维方式的技术中心主义价值观、形式与方法有所不同。但在科技创新时代，创业思维也有必要借鉴和吸收自然科学思维方式，通过思维共振对创业管理产生积极作用。总体而言，创业思维是一种行动导向的方法，体现了实用主义的哲学思想，认为新的投入（知识、信息、资源、网络和行动）会增加人们对机会的认识，强调创业团队中所有成员的共同创造。

创业认知内容包括创业者所知道的、假定的、相信的事情。创业认知具有复杂性，因为创业者的认知语义空间包括多维度和多要素，而且创业者还需要在这些差别化内容基础上进行整合，加之创业认知具有社会属性，创业者需要辨别社会情境中的人和事以及人际关系方面的因素，通过把它们加以整合来增强对社会情境的理解或改变其行动意图。

人工智能时代的创业者依然需要艺术思维。艺术思维不仅能够提升想象能力，拓宽视野范围，还可以直接或间接地触动个体的感知，激发潜在的审美知觉和创意冲动，将创业激情和情感表达得更加细腻、丰富进而直抵人心。美国管理学家詹姆斯·马奇提出，有价值的思考向来是从美学观点出发，要重视想法是否有一种优美、雅致或耳目一新的特质，科学管理实际上是将真理、美、正义和学问融为一体。

（二）创业行动学习

从行动学习理论来看，创业团队由几个人组成一个行动学习集，共同解决创业中实际存在的问题，获取与该问题相关的知识，在针对问题的学习过程中引发新的质疑和反思，从而得到更有深度和多样化的见解，并付诸有效的执行。因此，创业行动也可以概念化为"程序性知识＋质疑＋反思＋执行"的学习过程，行动是创业的基础，创业的结果要应用到行动中检验。

科技创新时代的创业急需技术行动。作为改造自然的行动，技术行动既有观念性的行动，也有物质性的行动。观念性的行动主要体现为设计，通过设计和想象创造了具有潜在意义的可能性世界；物质性的行动则主要体现为创造，是设计在物质层面的实现，经由创作制造过程的检验和具体实施，设计的产物最终展现为人工物和技术系统。

"纸上得来终觉浅，绝知此事要躬行。"创业思维与创业行动合二为一，通过知行合一推动创业学习进程。创业者面对复杂动态的不确定性情境，没有标准化的流程可以参考，只能在创业过程中通过不断地尝试、探索来理解和摆脱创业困境，完善已有的知识结构。创业学习是识别创业机会、争取外部创业资金支持，获取和提升关键创业能力的核心，能够极大地促进创业成功。创业学习过程包括直觉（intuiting）、编译（interpreting）、整合（integrating）和制度化（instiftarfionalizing），即 4 I 学习过程。直觉意味着创业者在回顾经验的过程中，以未来可能性为导向，凭借创造性的想象力搜索创业知识，识别市场空间和商业机会，获取更多隐性知识及专业技能，形成创业动机。编译主要指创业者通过语言或行动来解释自身洞察力或想法的有意识过程，主要包括形成认知图式、沟通互动、创业者与员工共享和知识显性化。整合则是指团队成员之间形成共同理解，并对创业知识进行共享和归集。制度化是组织发展和成熟的标志，指把创业知识和创业信息转化为新企业当中的产品、过程、组织流程、组织结构和组织战略的过程。

二、创业思维与管理思维的异同

（一）蜜蜂和苍蝇的小实验

创业思维的特点及其与管理思维的异同，可以通过一个经典小实验来认识。这个实验的出处虽然尚待考证，但并不影响实验带来的启发。实验过程大体如下：一个敞口透明玻璃瓶里装着几只蜜蜂和苍蝇，瓶口对着昏暗的屋内，瓶底朝向明亮的屋外。问题来了：蜜蜂和苍蝇，谁先从瓶中飞出来？

据说实验的结果是苍蝇。当然，我们可以在保护好小动物和人身安全的情况下，在现实中做一做这个实验。不过，很多人在没有看到真实实验过程的情况下，也依然会做出这样的判断：苍蝇会比蜜蜂先逃离玻璃瓶。

这个实验被用于分析诸多管理领域的问题。比如，关于管理的计划职能，目标明确的蜜蜂为什么不如盲目乱撞的苍蝇？是不是意味着计划赶不上变化？再如，管理与环境的关系，透明玻璃瓶、昏暗屋内和明亮屋外之间形成了怎样的环境？如果把瓶口朝向明亮的屋外，又会是谁先飞出来呢？

经典小实验还引发了关于创业问题的讨论。不少人在认同苍蝇会胜出蜜蜂的同时，发现苍蝇身上有不少创业特质。对此，可以用苏联心理学家达维多夫的观点做一番概括：没有创新精神的人永远都只能是一个执行者；只有敢为人先的人，才最有资格成为真正的先驱者。根据达维多夫定律，苍蝇颇具创新性，蜜蜂更像执行者。

（二）从管理思维到创业思维

比蜜蜂和苍蝇竞赛结果更值得挖掘的，是不同行动路线背后的思维方式。千差万别的行为表象背后的思维方式，往往具有一定的相通规律，特别是高度抽象的底层思维方式，尤其受到当前创业管理和教育的关注。

蜜蜂的行动路线更符合管理思维，苍蝇的行动路线更体现创业思维。借鉴美国学者萨阿斯瓦斯对思维背后两种逻辑的归纳，可做进一步总结：蜂型路线以目标为导向，代表了管理思维的因果逻辑；蝇型路线以手段为导向，代表了创业思维的效果逻辑。

基于上述认识，创业教育领域出现了不少对这两种思维方式进行比较的教学和培训游戏，引导受教育者领悟（知）并应用（行）创业思维。创业教学游戏常分作两类：第一类，蜂型游戏，比如拼图游戏、数独游戏、飞叠杯游戏等，都有其清晰的规则（目标明确），比的是谁更快达到目标；第二类，蝇型游戏，比如彩色布条做被子乐高游戏、纸杯限时叠叠高等，只有大体要求（目标模糊），比的是谁更有创造力。

还有不少教学内容和方法都在比较这两类思维的异同，让学生通过知行合一的体验，意识到思维方式要避免单一，提升双元或多维的思维体系，从而有助于自己能像实验中的苍蝇一样从受困的瓶中飞出。

在真实的创业案例中，也不乏蝇型路线的创业思维的体现。全球"吸管大王"、浙江双童吸管创始人楼仲平在回顾自己的创业历程时曾感慨："说实在的，做吸管也是我'踩着西瓜皮，走到哪里，滑到哪里'顺势而作的选择。"踩西瓜皮等类似描述勾勒出的创业者身影，像极了"苍蝇"而不是"蜜蜂"。

第二节　创业思维的人工智能情境

一、情境嵌入与认知行为

（一）情境嵌入

人工智能时代的创业思维，到底更像蜜蜂还是苍蝇，还需要考察创业者主体与所处环境的交互关系。人工智能时代创业思维是否依然奏效，有必要重新审视管理思维与创业思维的内在联系。如果仅仅关注管理思维与创业思维的差异并过分强调创业思维优势，在人工智能时代可能会失之偏颇，因为环境的"玻璃瓶"不是静止的。

"玻璃瓶"是静止的还是动态的？回答这个问题，除了关注思维载体（蜜蜂、苍蝇、人工智能）也就是行动主体本身，更需要关注环境。换言之，在管理思维、创业思维或人工智能思维之间做评判时，除了判断蜜蜂和苍蝇谁先飞出玻璃瓶、找到蜜蜂或苍蝇飞出玻璃瓶的成功之道，还不能忽略这个经典实验设置的情境——处于昏暗屋内和明亮屋外之间的透明玻璃瓶。

不少研究认为，外部环境并非脱离思维的存在，而是嵌入思维过程当中，或者说环境和思维是交会融合的一体。建构主义主张，正是人与周围环境相互作用的过程建构起了人对外部环境的知识，并使人的认知结构不断得到发展。给养理论甚至从自然生态角度提出，将人工界和自然界割裂开是错误的，人的行为与环境关系具有共同的生态基础，行动主体的知觉形成是环境生态特征的直接产物，生物体与环境之间的关联性和互补性形成客观存在的互惠关系，并演化为具有动态性的构型和体系，为人所直接感知。

把上述观点转换到这个实验当中，则意味着无论蜜蜂还是苍蝇，都在与玻璃瓶碰撞的过程中形成和改变着认知，玻璃瓶就在蜜蜂和苍蝇的思维系统和变化当中。自然科学家的研究也证明了蜜蜂和苍蝇的大脑，同样具有与人类上述思维过程类似的地方。来自澳大利亚墨尔本的研究人员发现，蜜蜂在从一朵花到另一朵花采集花粉和花蜜过程中，需要处理大量复杂的信息，大脑中神经元之间很容易形成新的连接，这类"神经可塑性"使蜜蜂足够灵活地学习到新的技能。美国一家医学研究所则发现，苍蝇大脑内其实有类似哺乳动物辨识方向的细胞，而且这种"指南针"一样的大脑活动在黑暗中也同样存在。看来，蜜蜂并非那么"执拗"，苍蝇也不都是"无头"。

（二）认知行为

人和机器人在环境中的认知行为，可以按复杂程度由低到高分为反射型感知行为、信息融合型感知行为、可学习的认知行为、自主的认知行为。反射型感知行为意味着人或机器人受到传感层面的激励而直接引发执行层面的响应，这种行为通常不需要知识记忆。信息融合型感知行为则需要短期的知识记忆，据此综合外部信息以得到情境印象。可学习的认知行为能够从当前信息与历史信息中提取知识，更新对环境的认知。自主的认知行为不仅依赖于接收到的刺激和历史经验，还会考量当前执行的任务与追求的目标，能够根据当前的任务，采用柔性行为去实施复杂的认知行动。

同样，人工智能时代的创业者认知行为要嵌入创业情境中，通过创业团队成员间的心智交互促进团队内部知识的组织、分配与加工，从而实现对创业特定任务的共同理解、团队专长知识分布的准确把握以及创业认知过程的监督和反思，以此促使创业团队作为一个协调的整体来完成创业任务。人工智能时代的创业者是在未知的技术创新环境中探索，情境认知意味着创业者需要重视思维变革，从认知理论与方法出发，在选择性关注机制下注意提升心理活动与智能行为质量，将对外部环境的感受和理解从片面的、离散的、被动的感知层次提高到全局的、关联的、主动性的认知层次上；参考人工智能系统与环境之间的交互关系，实现灵活、稳定、可靠的认知系统，建立一套适合于人工智能时代的创业情境认知方法。

人工智能技术发展的一个重要课题就是，让机器人真正在与环境的交互过程当中去学习新的概念，以促使机器人对客观世界产生深度理解。当前，人工智能逐步从依赖编程规则和逻辑的算法（比如 1997 年战胜国际象棋世界冠军的深蓝）转向机器学习（比如战胜围棋世界冠军李世石的 AlphaGo），而机器学习的算法仅包含少量规则，强调通过提取训练数据和反复训练进行学习。换言之，人工智能思维与蜂型路线和蝇型路线的思维一样，也可以通过与环境的融合来认识和学习客观事物。

二、不确定性与 VUCA 情境

（一）不确定性

关于创业情境的不确定性，由美国著名经济学家弗兰克·奈特在 20 世纪 20 年代提出，后来有人设计了一个经典游戏进行说明。游戏的规则是如果你挑出一个红球，你就赢。在你面前，有三个瓶子：第一个瓶子里红球和绿球各一半；第二个瓶子里装有球，但不知道红球有多少；第三个瓶子里连装着什么都不知道。你会选择哪个瓶子呢？根据奈特的主张，大部分人选择红球和绿球各一半的瓶子，而非概率分布未知的第三个瓶子。这一切看起来似乎显而易见。但是现在，问问你自己，你觉得创业者会选哪个瓶子。研究者推测创业者可能倾向于选择概率分布未知的而不是概率分布已知的，因为创业者是冒险家，因而他们会选择第二个瓶子。

但是根据奈特的观点，所谓创业者就是那些在不确定的情况下创业的人，因此创业者可能会选择第三个瓶子。创业中涉及的问题是多方面的，而且每个方面还可能变化无穷，这导致可以正确预测结果的可能性变得极低，更不用说解决问题了。我们用预测、风险、不确定性这三个概念来界定三个瓶子所代表的不同问题类型。

（二）VUCA

VUCA 概念源起于 20 世纪 90 年代初冷战后的美国军事研究领域，用来帮助政策制定者在面向以无章可循的未知因素为特征的环境时进行计划与准备。后来这一概念被用于商业管理领域，用以表述企业所处的一种包括流动性（volatility）、不确定性（uncertainty）、复杂性（complexity）、模糊性（ambiguity）为基本特征的外在环境或状态之中。

人工智能时代充满 VUCA 的情境特征。人工智能新技术带来的往往不是线性的、机械的狭义技术问题，而是范围更广泛、内容更复杂的技术社会系统问题。这类问题通常存在如下特点：对问题的认知欠缺共识且随时间不断演化；问题具有较高的技术复杂度且解决方案无先例可循；问题参与者众多且多元，往往拥有不同的价值、利益、知识或经验；问题解决过程充满争议且难以确定具体起止点，通过团队行动进行学习并依据情境不断演化。

第三节 人工智能思维的创新主张

以蜜蜂和苍蝇的小实验为例，如果玻璃瓶所代表的情境从传统技术时代变为人工智能时代，那么能够率先飞出瓶子的还会是苍蝇吗？换言之，人工智能时代的创业思维是否因情境变化也需要创新变革？为此，可以从人工智能的"三驾马车"和人机协同的"一体系统"来看创新创业思维的变革。

一、从人工智能"三驾马车"看创新创业思维变革

（一）因果逻辑仍需关注

虽然创业的效果逻辑受到广泛关注和认可，但是从人工智能"三驾马车"之一的算法视角来看，因果逻辑是人工智能的叙事哲学，这就提醒创新创业思维要避免唯效果逻辑，仍要高度关注因果逻辑。图灵奖得主、"贝叶斯网络之父"朱迪亚·珀尔认为，人的根本能力是因果推断能力，强人工智能就是让机器人具有因果推断能力。它让大规模定量表示不确定事件发生的可能性以及这些可能状态之间的关系成为可能，这被作为当前各种人工智能应用的建模规范，使机器成为不确定性推理的工具。珀尔提出，当前人工智能对不确定性的预测和诊断，属于曲线拟合，而未来应更加关注因果论的应用以及如何找到固有因果问题的答案，这不该被科学所抛弃。

这就意味着人工智能算法有可能让创业情境的不确定性从不可知变为透明可量化，让所谓的 VUCA 环境成为由 X 与 Y 之间因果关系构建的结构化模型。因此，人工智能思维启发创新创业者，思维变革既要重视基于实际发生事物的规则推理，也要关注基于不存在事物的推理，后者是理解因果推断能力的关键即一种反事实思维方式。如果说规则推理（符号主义）是一种演绎推理，概率推理（贝叶斯网络）是一种归纳推理，那么因果推理就是结合演绎和归纳的一种更加符合人类实际推理的方式。

（二）最优决策不容忽视

虽然创业决策具有有限理性特征，创业者中有不少认为完成比完美重要，创业行动往往不停迭代而非一步到位，但是从人工智能"三驾马车"之一的算料（数据）视角来看，人工智能决策指向预测优化，提醒创新创业思维避免囿于满意，而要勇于争优。人工智能拥有和处理海量数据的能力让人类望尘莫及，这就使精准预测成为可能并不断变为现实。目前，通过人工智能实现成功预测的领域包括营销、人力资源、市场变化、自然灾害、竞争性反应、政治形势等诸多方面。甚至有报道称，斯坦福大学研究团队研发的一种预测患者死亡时间的人工智能，准确率高达90%。

这就不难理解为什么一些创业者会认为计划经济将变得强大，提出因为数据的智能算法让市场这只无形的手变得有形可见。虽然这一观点受到经济学家质疑，但是不少创业者或企业都在借助人工智能实现预测优化，从而揭开"未来世界"的神秘面纱。随着人工智能的发展，社会科学领域的建根路径从基于数据变量走向基于主体对象。前者关注社会系统要素之间的互动和反馈，以发现规律和实现可预测性为目标；后者主张复杂系统思维，以"问题导向"为趋向动态理解社会系统的生成和演化机制。

改变商业世界的智能决策。有别于感知智能，智能决策主要基于对不确定环境的探索，需要不断获取环境信息和自身的状态，从而进行自主决策，并使得由环境反馈的收益达到最大。智能决策带有强烈的行为主义色彩，同时又吸收了符号主义和连接主义的精华，涉及计算机、控制、数学、认知心理学、神经科学等诸多学科。人工智能时代的每一个商业场景，充斥着大量的服务决策需求，而且具有海量化的决策量级和实时性的决策时限等特征，这就使得传统人力决策方式根本无法满足人工智能时代的商业决策新需求。在此背景下，智能决策作为新的决策手段诞生并得以广泛应用。以网民狂欢的"双十一"为例，虽然看上去是用户主动在购物网站上通过关键词搜索感兴趣的商品，但这些行为的背后，包括用户第一眼看到什么，第一次点击之后还能看到什么，类似这样的决策其实都是机器自主完成的。实际上，用户看到的一切都是通过数据智能算法自动形成的，不存在人为干预，但对机器而言却轻而易举。

不过，人工智能也不是一蹴而就的。网易云音乐的个性化推荐被用户评价很高，甚至被喻为"比男、女朋友更懂自己"，如何做到这点？网易云音乐CTO（首席技术官）曾介绍，这其中牵涉歌曲建模、排序算法、基础推荐算法、用户建模、反馈机制等诸多复杂且实时的工作，而且需要根据用户反馈不断调整和优化，才能获得最优解。

（三）资源优势依旧关键

虽然资源优势被视为创业的前提条件，而且资源劣势被一些创业者视为好事而非坏事，但是从人工智能"三驾马车"之一的算力视角来看，人工智能算力重视资源优势，启发创新创业者除了拼凑手边资源和整合外部资源，也可以构建拥有雄厚资源的高地。人工智能算法模型和海量数据的运行，离不开强大算力的支持，对此可以从一项有意思的研究中窥见端倪。美国马萨诸塞大学研究人员艾玛·斯特贝尔及其小伙伴，分析了许多优秀人工智能模型的碳排放，并与人类日常生活的碳足迹做了对比，发现训练一种自然语言处理模型 Transformer 的碳排放，相当于坐飞机在旧金山和纽约之间往返 200 次。虽然这个实验结果的严谨性还值得再探讨，但反映出人工智能出色算法和巨大算力离不开强大硬件资源的保障。据说战胜李世石的 AlphaGo 就使用了 1920 个 CPU 和 280 个 GPU。

芯片被誉为人工智能的算力之心，如果芯片出现资源约束，可能难以通过借外力转危为安，却很有可能因卡脖子而命悬一线。过去数十年全球算力基本以 CPU 一家独大，但在人工智能时代，随着半导体工艺制程逼近极限，CPU 算力增长渐趋平缓、陷入瓶颈，科学家和企业家都在研制高效且低成本的芯片。其中，CPU 和 GPU 仍属于通用芯片，依据冯·诺依曼结构设计，能够胜任大多数通用计算场景；而 FPGA 和 ASIC 作为专用芯片，没有指令集且无须共享内存，直接以并行和流水线方式处理数据，不但速度快，而且功耗低得惊人。以中国新基建为例，5G、特高压、高铁、充电桩和工业互联网等诸多领域都需要强大算力的支撑，离不开芯片提供自主性、多样性和持续性的澎湃动力。

从以上算法、算料、算力视角的分析来看，人工智能思维高度关注因果逻辑、始终重视最优决策、明确强调资源优势，这些都在影响甚至挑战创业思维所侧重的效果逻辑：关注效果逻辑的手段而非目标导向、重视对当下的控制而非对未来的预测、强调资源优势是机会而非警示……那么，这就为蜜蜂和苍蝇小实验带来了新问题：人工智能思维是否意味着蜂型路线代表的管理思维要优于蝇型路线代表的创业思维？为此，在人工智能时代率先飞出"玻璃瓶"情境的行动者，是否依旧是苍蝇？如果答案是否定的，蜜蜂的胜出是否又意味着人工智能时代的创业思维式微了呢？

二、从人机协同"一体系统"看创新创业思维变革

（一）人类中心主义思维结构的消解

无论是个体的人还是处于某个群体中的人，总是有意或无意地将自我与他者相区分，这里的他者既可以包括自然，也可以包括人。这种区分的延伸就可能形成一种以自我为中心、以他者为边缘的思维模式。中心—边缘结构常见于国际关系、区域发展、人际交往和组织管理等具体的现实领域，但是如果以一种隐性思维模式存在于人类大

脑中，却有可能影响人类看待和对待人与人、人与自然的关系，包括人与人工智能的关系。

人类中心主义的基本认识之一就在于人是宇宙的中心。在早期农业社会，面对神秘的自然界，人类更多的是对自然的恐惧和敬仰，思想命题着眼于认识世界。伴随经济社会的快速发展，特别是科学技术的巨大进步，人类认识更具理性、工具性和目的性，思想命题侧重于改造世界，而且日益强调人类自己的中心地位，不断将其他生物和非生物构成边缘化。这种人类中心主义的中心－边缘观念在工业社会有某种合理性和重要性，但也导致了诸多生态和社会问题，比如人与自然关系的不和谐（包括环境污染和自然灾害等）以及人与人关系的不和谐（包括种族歧视和阶层冲突等），逐渐成为众多学科批判与反思的对象。

自后工业化进程开始以来，关于自我与他者关系的认识，出现了去中心化的转向，中心－边缘的不平等思维结构开始出现消解。例如，人类中心主义开始转向生态系统观念的思维模式，后者不只是简单地削弱中心的功能、赋予边缘权力，而是建构了一种二者动态协同的整体观念，不再固守中心与边缘的划分方式。需要说明的是，中心－边缘结构的消解并不是自发过程，而是需要人们主动去破解类似人类中心主义这样不平等的思维模式。

这种思维变革在人工智能时代也同样重要。认识人与人工智能的关系，如果还是沿袭中心－边缘的二元对立认识，那么人与人工智能之间并非平等的对立，而是一方控制另一方的等级对立。解构主义认为，消解中心－边缘结构并非消除二者的差异，而是要打破二者之间的不平等。如果只是通过交换中心与边缘的位置，比如旧的边缘占据中心、旧的中心被边缘化，依然还是在鼓励一种斗争观念，这种斗争观念在本质上仍然属于二元对立的思维，斗争的结果之一将是两败俱伤。因此，如何破解人与人工智能的不平等结构，需要想象力和创造力，同样也需要继续怀着对自然和生命的肯定和敬畏去思考。

那么，人工智能时代的创新创业者，除了兼顾管理思维与创业思维，如何拥抱人工智能带来的思维变革呢？德国社会学家马克斯·韦伯在《新教伦理和资本主义精神》中提到，理性秩序可能成为禁锢的铁笼。因此，如果认知思维不打开，本章经典小实验中的玻璃瓶就可能成为牢不可破的囚笼，束缚蜜蜂和苍蝇的行动。一些创业者对此已经做出了响应。李彦宏认为，互联网思维呈现的数据是基于抽样的思维，当前已经过时并亟待调整到人工智能思维，后者体现的是全部数据化。马云则将人工智能思维看作认识外部世界、认识未来世界、认识人类自身和重新定义人类自身的一种思维方式。马化腾虽然承认现阶段人工智能还圈定在比较窄的领域，但是关于下一步实现的通用人工智能能否超越当前的碳基（指以碳元素为有机物质基础，地球上已知的所有生物都是碳基生物）智慧、超越人类现在发现的知识，他的回答是：有可能。

（二）人机协同"一体系统"的构建

人机协同是变革方向，有助于思维冲出铁笼、行动大胆探索。人机协同不仅能提高传统产业生产效率，更能通过创造新产业解放生产力。人工智能独角兽公司商汤科技创始人汤晓鸥认为，"并不存在 AI 这个行业，只有 AI+ 这个行业。AI 需要与传统产业合作，这种关系是结合、赋能，而绝不是颠覆"。教育领域也已尝试进行人工智能与教师的协同。比如，人工智能不仅可以替代教师完成批改作业等日常工作，把教师从重复性、机械性的事务中解放出来，还可以成为教师工作的组成部分，通过人机协同完成以前无法完成的智慧性工作，包括因人而异的个性化智能教学和推荐以及精准的互动等。

人机协同意味着把人与人工智能视为"一体系统"，将人工智能嵌入人类的生存、认知和学习全过程，影响着我们认识世界和改造世界的能力。人机协同使知识生产实现了从个体到群体、从精英话语到群智联结，知识生产主体日趋开放和紧密联系，最终实现人与人工智能技术的协同进化。人工智能与人一样，不但可以参与知识生产，也同样可以自主思考、计划、创造知识。

人机协同"一体系统"的思维模式，亟待创新创业教育跟进，尤其在思维培养和塑造环节，有必要借鉴和吸收人工智能思维方式，让学习者体验并进一步探索人工智能思维的深刻意义和长远价值。2019 年 5 月 24 日发布的《中国新一代人工智能发展报告 2019》发现，人工智能正在由学术界驱动转向学术界和产业界共同驱动，有必要加速人工智能高水平人才成长，形成多层次人工智能人才培养体系。这也需要创业思维与人工智能思维共同驱动，通过"智能 + 创业思维"实现思维的高水平和多层次。

人机协同视域下智能学习的构成要素及其本质属性上的变革，必然导致智能学习的表征形态与传统学习之间存在本质区别：①物理形态的多元性与无边界性，如自主学习、合作学习、探究学习以及全方位、全覆盖和全时性的学习形态；②实施形态的创新性与混合性，如重视情景创设、分析问题、解决问题和创新；③方法形态的个性化与虚实结合，例如问题导向式学习方法和自我导向式学习方法，以促进高阶思维发展，在寻求解决策略的同时又推动学习反思。

再大胆设想一下，人机协同可以创业吗？如果创业团队有了人工智能作为小伙伴，创业者的创业之路会有什么不一样呢？不妨尝试把人工智能融入创业想法生成、机会开发、团队组建、资源整合、商业模式设计和新企业成长等创业活动中进行思考，感受不同思维之间的碰撞，即便碰壁也是学习过程，这也是蜜蜂和苍蝇冲出玻璃瓶实验的启示之一：人机协同冲出玻璃瓶的禁锢，"物物而不物于物"，用人工智能思维为创业思维和行动赋能。

最新研究表明，人工智能有助于赋能创业。这意味着创业者可以积极利用或协同人工智能进行创业机会的利用与开发。人工智能赋能创业不仅催生了全新的创业实践问题，也从根本上挑战了经典创业理论。人工智能正在影响创业意愿、创业机会、创业团队和商业模式。基于人机协同，通用人工智能将会自动实现包括创业偏好、创业资源、创业团队和商业模式在内的创业要素一体化。此时，通用人工智能不仅是创业工具，更是创业伙伴，可以加速创业进程并提升创业质量。但是，人工智能也可能带来潜在的破坏，因此有必要引入规制护栏加以防范，推进并拓展人工智能在创业理论和实践中的运用。

蜜蜂和苍蝇的思维方式和行动路线带给创新创业的启发不会停止，因为玻璃瓶的情境充满不确定性，人工智能时代创新创业思维尤其要积极拥抱变革。科学家的新近研究发现，单个蜜蜂大脑比起人类简单许多，但整个蜂群就像一个完整甚至超级的有机整体，每只蜜蜂的作用就像人脑中的神经元，通过自主互动促使超级有机体做出集体反应，这也形象地体现了"智能＋创业"的整合思维结构。同时，还有个关于苍蝇的经典故事。天才数学家兼哲学家笛卡尔少年时有天躺在床上，看见苍蝇嗡嗡乱飞，爱思考的他把赶走苍蝇的想法和行动变成了一个数学问题：如何给这只苍蝇精确定位呢？由此诞生了人类宝贵的数学遗产——直角坐标系。而数学思维正是人工智能思维的基石之一，可见人工智能发展其实也离不开人类思维赋能，人工智能应与也必将能与创新创业积极共振。

第六章 人工智能背景下大学生创新创业新格局

第一节 人工智能与精益创业

人工智能创新创业进程也需要精益求精。2020年年底，国家发展改革委就国务院印发的《关于提升大众创业万众创新示范基地带动作用 进一步促改革稳就业强动能的实施意见》答记者问时提出，要弘扬科学精神和工匠精神，夯实精益创业集聚平台，培育更多掌握核心技术、充分吸纳就业、具有持续成长性的高新技术企业、专精特新"小巨人"企业和制造业单项冠军企业。

一、人工智能技术的高精尖

（一）高精尖技术和关键核心技术

1.高精尖技术

高精尖通常是指具有高级、精密和尖端特质的科学技术、产品工艺和先进发明。高精尖技术是指那些具有高、精、尖属性的技术，而高精尖产业就是具有高、精、尖属性的产业或产业组合。高，是指高科技、高附加值、高知识、高技术密集型的高端产业；精，是指应该有所选择地发展产业，选择在本区域内具有比较优势且符合发展定位的高端产业；尖，是指在一定区域内、全国乃至国际上处于尖端，能够作为众多高技术产业的支撑与领头的产业。

高精尖作为科技发展方针的提出可以追溯到新中国成立初期。1956年1月，中共中央发出"为迅速赶上世界科学先进水平而奋斗""向科学进军"的号召，随后北京和上海等地制定了相关产业发展方向。北京市委于1960年2月提出北京工业应当向"高大精尖"的方向发展，并在当年10月明确"北京工业今后发展的方向是精兵主义和精品主义""一部分企业向高级、大型、精密、尖端产品进军，攀登现代科学技术的高峰"。随后，由于"高大精尖"的"大"字不再适合北京的情况，北京市委在1961年果断把原来发展工业的"高大精尖"方针调整为"高精尖"，收缩规模过大、不适合首都城市发展的工业，把提高产品质量放在第一位，把提高技术水平、发展新技术技术产品作为重要任务，在提高质量和提高技术的基础上争取工业高速稳定的发展。

上海也积极响应党中央战略部署，在1958年4月确定了"高精大新"的发展方针，即"发展高级的、精密的和大型的产品，发展新产品"，通过在这些领域提高技术、提高质量，赶上并超过国际水平，并以此为主干推动全国其他各地。后来，随着形势的发展，"高精大新"经历了"高精大""高精大尖""高精尖"的演变，其适用范围也由工业领域扩展至科学研究领域，最终在1963年确定为"使上海工业生产和科学研究，在中央的统一规划下，有计划、有重点地向高精尖方向发展"。

如今，高精尖技术及其相关产业发展已经成为推动新旧动能转换的助推器、打造经济高质量发展的加速器，人工智能技术产业发展在其中的表现尤为亮眼。从"高"度来看，我国已成为全球人工智能的重要生产基地和消费市场，多地竞相打造人工智能技术和产业发展高地，加快人工智能产业相关规划的部署与落地，围绕高端机器人、工业机器人等高精尖产业领域，培育一批行业龙头企业和百亿、千亿级产业集群。从"精"度来看，人工智能正朝向更加精细化的先进制造、医疗健康、生活服务等领域快速延伸，突出精密、复合、智能，提高关键制造生产环节应用的可靠性。从"尖"度来看，人工智能研发强度、关键技术水平、核心零部件配套条件大幅提升，技术和产业应用着眼解决短板问题，瞄准智能感知、新材料应用、新驱动系统等重点领域，实现深度调整和尖端突破。

2. 关键核心技术

科学技术是第一生产力，关键核心技术是国之重器。党的二十大报告中，习近平再次强调科技创新的重要性，多次提到要掌握核心技术。提高我国关键核心技术创新能力，就是要按照需求导向、问题导向、目标导向，从国家发展需要出发，以关键共性技术、前沿引领技术、现代工程技术、颠覆性技术创新为突破口，抢占科技竞争和未来发展制高点，在重要科技领域成为领跑者，在新兴前沿交叉领域成为开拓者，创造更多竞争优势，为经济社会发展、保障和改善民生、保障国防安全提供有力的科技支撑。

应当清醒看到，我国关键核心技术上的短板，与之带来的随时可能面临被"卡脖子"的风险，困扰着我国经济社会发展。我国是全球最大的电子产品制造国，但"缺芯少魂"（芯指芯片，魂指操作系统）局面依旧存在。我国是医药大国，但仿制药占比仍然很高，多数高端医疗设备依赖进口，自身硬实力不强。即便应用走在前列的人工智能产业，底层算法、开源框架上的基础仍比较薄弱，"地基"仍不牢。

人工智能是关键核心技术中的中坚力量，对提高创新链整体效能意义重大。人工智能是研究、开发用于模拟、延伸和扩展人类智能的理论、方法、技术及应用系统的一门新的技术科学，具有多学科综合性、高度复杂性、全面渗透性等特征，是引领新一轮科技革命和产业变革的重要驱动力，有助于提高经济社会发展智能化水平，增强公共服务和城市管理能力。当前，人工智能正在对经济发展、社会进步、国际政治经济格局等方面产生重大而深远的影响，打好人工智能关键核心技术攻坚战，方能赢得全球科技竞争主动权，推动我国实现科技跨越发展、产业优化升级、生产力整体跃升。

为此，人工智能关键核心技术的发展可以从如下环节入手：一是基础环节，要增强原创能力，夯实创新基础；二是理论环节，要加强前沿理论研究，实现颠覆性突破；三是导向环节，要坚持问题导向，建立关键共性技术体系；四是应用环节，要强化应用开发，推进新产品和服务与市场需求的协同促进；五是人才环节，要打造人才成长平台，夯实队伍支撑和智力支持。

（二）科技创新的"四个面向"

我国"十四五"时期及更长时期的发展对加快科技创新提出了更为迫切的要求。党的十九届五中全会进一步明确了创新在我国现代化建设全局中的核心地位，提出"面向世界科技前沿、面向经济主战场、面向国家重大需求、面向人民生命健康"，加快建设科技强国。"四个面向"对于汇聚科技创新资源要素，形成重大科学研究成果，形成经济社会发展的核心驱动力，实现我国关键核心技术实现重大突破，进入创新型国家前列目标具有重要意义。

1. 面向世界科技前沿

面向世界科技前沿，意味着科技创新要探索最具未知性、先驱性和挑战性的研究领域，不断突破人类的认知极限，实现人类肢体和工具器物的拓展与延伸，进而促进人类认知边界的动态扩展和工具效能的迭代更新，从而更好地认识世界和改造世界。新一轮全球竞争，是科技竞赛和产业比拼，必须具有领先的国际竞争能力。为此，要坚持加强基础研究，增强原始创新能力，重点解决"卡脖子"的技术难题，突破制约产业链安全的短板。同时，发挥企业在工程、产业创新中的主体作用，使企业成为创新要素集成、科技成果转化的生力军，提升我国内循环活力，促进上下游、产供销大中小企业协同发展，畅通产业循环、市场循环、经济社会循环。

我国人工智能发展一直面向世界科技前沿，瞄准创新前端。例如，2017年7月务院印发的《新一代人工智能发展规划》就提出了面向2030年我国新一代人工智能发展的指导思想、战略目标、重点任务和保障措施，提出五种人工智能的技术形态：从数据到知识再到决策的大数据智能、从处理单一类型媒体数据到不同模态（视觉、听觉和自然语言等）综合利用的跨媒体智能、从"个体智能"研究到聚焦群智涌现的群体智能、从追求"机器智能"到迈向人机混合的增强智能、从机器人到智能自主系统。再如2018年10月和2020年1月科技部发布的《科技创新2030——"新一代人工智能"重大项目指南》，再次前瞻性地提出了人工智能基础理论（深度学习、因果推理、博决策、群智涌现、混合增强智能、类脑智能等）、技术（知识计算、跨媒体分析、自适应感知等）以及应用发展方向。

2. 面向经济主战场

面向经济主战场，意味着科技创新要推动科技工作与国家经济社会发展深度融合，打通从科技强到国家强、从科技事业发展到国家整体发展的通道，通过科技与经济的无缝对接让科技渗透和作用于生产过程，并最终实现自身社会化即为社会所用的过程。为此，要进一步发挥科技是第一生产力的作用，用新一轮科技革命的技术成果改造国民经济各个部门，实现依靠创新驱动的内涵型增长服务高质量发展，培育高质量发展新动能。特别是依靠科技创新推动传统产业转型升级，使其高端化、低碳化、智能化，实现新旧动能顺利转换。

我国人工智能面向经济主战场取得了长足的发展，以计算机视觉、语音识别等为代表的感知智能已经走在了世界前列。自2015年开始，中国人工智能产业规模逐年上升，根据中国信息通信研究院数据，2015—2018年复合平均增长率为54.6%，高于全球平均水平（约36%）。2018年，我国人工智能产业市场规模已达到415.5亿元。根据国务院发布的《新一代人工智能发展规划》要求，到2025年，人工智能核心产业规模将超过4000亿元。人工智能与交通、医疗、城市、安全、教育等相互融合，将使各个行业快速地实现智能化，切实融入人们的生活中。人工智能推动人与智能机器交互方式的变革，智能终端设备的应用将逐渐普及，人们将会以更加自然的方式同智能机器交流，未来人机交互方式也更加多元、无处不在。下一阶段，人工智能将作为数字经济融合实体经济的催化剂，成为中国数字经济发展的核心驱动力。

3. 面向国家重大需求

面向国家重大需求，意味着科技创新要掌握主动权，这样才能掌握国际竞争决胜权，既要着眼建设世界科技强国的宏伟目标，也要正视主要发达国家的科技实力，破解制约我国科技发展结构失衡和受制于人等问题，与国家共担当，与时代同前行。因此，科技创新要补齐我国经济社会发展、民生改善、国防建设面临的一些需要解决的短板和弱项，并要在一些关键工业技术、部分关键元器件和重要装备、新能源技术等关乎国家急迫需要和长远需求的领域组织重点攻关。特别是要完善科技创新体系，优化资源配置，加速科技创新能力从量的积累向质的飞跃转变，增强不同创新主体协同创新能力。

我国人工智能面向国家重大需求全面发力。例如，多地政府和多数企业都在运用人工智能技术，改善和提升生产管理流通和产业链，人工智能新产品和新服务在纷纷涌现、日新月异。虽然有的只是把原来的产品和服务加上传感器系统和通信系统，再加上人工智能的计算系统和控制系统，但是可以使新产品提供更全面高效的新服务目前，大数据智能、人机混合增强智能、群体智能、跨媒体智能、自主智能系统等人工智能的五个新发展方向和5G、工业互联网、区块链等结合在一起，可能成为实体经济变革的核心驱动力，并将催生更多的新技术、新产品、新业态、新产业、新区域，从而使生产制造走向智能，供需匹配趋于优化，专业分工更加精准，通过实体经济和人工智能的深度融合实现创新驱动高质量发展。

4. 面向人民生命健康

面向人民生命健康，意味着科技创新要坚持人民至上、生命至上，不断为人类谋取包括生命健康在内的各种福利，提升人的生活品质，让人的生活更美好。科技工作如离开了对人的关照，背离了对人民生命健康的关照，将失去存在的意义。为此，科技创新要实现对生命的尊重和对人民的关怀，折射出科技工作的人文关照和价值选择。比如在抗击新冠疫情过程中，广大科技工作者在治疗、疫苗研发、防控等多个重要领域开展科研攻关，为统筹推进疫情防控和经济社会发展提供了有力支撑，做出了重大贡献。因此，科技创新要构建高品质生活健康体系，做好生命健康科技规划，培育健康新业态、新产品、新模式，为人民生命健康护航，为人民高品质生活助力。

我国人工智能在面向人民生命健康方面做出了突出贡献。人工智能技术融入国内诊疗流程的主要切入点在于医学影像和精准医疗：在医学影像方面，人工智能技术主要依托图像识别和深度学习能力；在精准医疗方面，人工智能则以个人基因组信息为基础开展大数据挖掘和基因检测等。除了诊疗技术革新，人工智能技术还在有效补充医疗资源、弥补基层诊疗服务短板、转变卫生服务管理模式、提升公共卫生服务水平方面取得了令人振奋的新进展。2017 年以来，全球人工智能相关临床试验数量主要增长来源为中国和美国。截至 2020 年 9 月，中国已经成为全球开展人工智能相关临床试验数量最多的国家。前沿科学技术与医学的深度融合是健康医疗人工智能发展的基础，未来人工智能将在公共卫生和临床诊疗中发挥更大作用。

二、人工智能创业的易与快

高精尖的人工智能技术要转化为创业行动，是不是很难、会不会很慢？说起难易和快慢，这关乎时间长短，音乐就是一门时间艺术，而人工智能创业与音乐一样，也是一门时间艺术。人工智能产品和服务的发布，与音乐作品的诞生相似，也有其创业难易和节奏快慢。

（一）人工智能创业的"变易"

1. 插曲还是调音

学懂弄通人工智能并非易事。人工智能作为一门高精尖技术，涉及数学、计算学、逻辑学、脑神经科学、认知心理学、经济学等多学科，新技术的掌握不可能朝晒暮收，更何况具有颠覆性和系统性的人工智能技术。因此，许多中小学甚至幼儿园已经开设人工智能课程，大学也纷纷建立人工智能学院，不少职场人士也通过各种方式来学习人工智能知识。即便如此，仍有一些研究报告提出，中国人工智能人才缺口高达数百万，人工智能创业潜力巨大。没有金刚钻，揽不了瓷器活，技术无法一蹴而就，这是否意味着人工智能创业高不可攀？或者，人工智能创业只能由精通人工智能技术知识的创业者才能成功实施呢？

通过比较历史上风电技术创业的不同路径，可以发现新技术创业也并不都是曲高和寡。美国宾夕法尼亚州立大学拉弗·盖路德和丹麦奥尔堡大学彼得·卡诺两位学者，对比了丹麦和美国风力发电技术的兴起过程，见表 6-1 所列，发现丹麦的风电技术路径之所以稳步演进，最终在风力发电产品和服务方面远超美国并位居世界前列，原因之一在于创业者采取了独特的行动路线：没有只盯新技术的"突破"，而是关注已有资源的"拼凑"；不是在用新技术制作新"插曲"，而是对现有技术和市场进行"调音"。

表6-1　"拼凑"和"突破"：丹麦和美国风电技术路径比较

行动方	丹麦	美国
设计方和生产方	• 基于农业设备领域经验的启发式设计 • 关注焦点在于可靠性 • 注重设计方、生产方和供应方合作网络 • 具有纵向扩展的步骤安排 • 在纵向扩展步骤内部，努力进行产品开发	• 基于航空航天框架体系的工程科学 • 关键焦点在于空气动力效率 • 忽视设计方、生产方和供应方合作网络 • 欠缺纵向扩展的步骤安排 • 在纵向扩展步骤内部，几乎没有产品开发
用户方	• 面对各方用户，开展直接学习 • 对提供重大投入，采取激励措施 • 动员并形成一个协会，发布风力发电机设备效果的比较分析结果	• 针对特定有限用户群，开展间接学习 • 对提供重大投入，鲜有激励措施 • 动员并形成一个协会，与生产方一道，对政府部门进行游说
评估方	• 合作开发机制 • 高度关注风力发电设备效果的检测比较 • 检测标准与正在开发的技术协同演进	• 选择性机制 • 不太关注风力发电设备效果的检测比较 • 检测标准来具有原发性的工程科学知识，且二者没有协同演进
监管方	• 战略性引导不同行动方的活动 • 制定的政策引发了风电技术发展领域各方的参与积极性	• 创造了意外，关闭了巨大的机会空间 • 制定的政策几乎没有调动风电技术发展领域各方的参与积极性

上述研究反映了创业领域的资源"拼凑"理论主张。拼凑一词本义是"修修补补"，在创业实践中，是指创业者整合手边的现有资源、加入新元素或是替换旧元素、不循序渐进和递进完善，最终创造出独特服务和价值的过程。资源"拼凑"理论认为，势单力薄的创业者想要使有限的资源创造出抵御激烈竞争或突出市场重围的新价值，需要做"修补匠"，将单一的增改演化为创造性的"拼凑"，不仅是"填补"，更要去"修造"，通过创造性"拼凑"挣脱资源束缚，从而解决新问题、实现新机会、收获新价值。

资源"拼凑"更像是"调音"，具有如下主要特征：一是通过加入一些新元素，实现有效组合，结构会因此改变；二是新加入的元素往往是手边已有的东西，也许不是最好的，但可以通过一些技巧或窍门组合在一起；三是这种行为是一种创新行为，会带来意想不到的惊喜。因此，人工智能创业也可以借鉴资源"拼凑"的思路，创业并非要等到技术成熟、知识完备的那一天，而是可以在现阶段的人工智能技术基础上，甚至依托传统技术积累来启动人工智能创业并步步为营。

2. 从难易到变易

由前文可见，在进行人工智能创业之初，直接用完美的人工智能技术创作"插曲"很难，而将不完美或正在发展完善的人工智能技术对现有市场进行"调音"更易。说到易，首先想到"容易"。人工智能技术创业会和"容易"挂上钩吗？实现人类首次回收发射火箭壮举的 SpaceX 公司创始人埃隆·马斯克给出了肯定的答案。他在接受《财富》杂志专访时曾说道："我觉得我们已经拥有一切，现在只需要好好组织这些元素，将它们集中在一起，确保能在不同的环境中使用，然后任务就完成了。它实际比人们想的容易得多。"这套"容易"做法——组织已有元素在不同环境中使用——让马斯克对火星的探索任务比美国国家航空航天局（NASA）预期的时间快了数年，也让他在人工智能领域继续超前行动，通过创办非营利组织 Open AI 和成立实现脑机接口的新公司 Neuralink 来遏制未来人工智能对人类的"独裁"。

"容易"背后实则是"变易"。2018 年诺贝尔经济学奖获得者保罗·罗默的观点可以解释马斯克的"容易"。罗默的内生性经济增长理论认为，真正可持续的经济增长并非源于新资源的发现和利用（这可能很困难），而是源于将已有的资源（这可能容易）重新安排后（这意味变易）使其产生更大的价值。借用学者对丹麦和美国风电技术发展的比喻，"插曲"难、"调音"易，而"易"源于创新性的变化。正如一些人工智能创业者所体会的，在人工智能行业创业，不适用于单点突破，需要产品、解决方案、销售等各方面全方位做事，最关键要看你提供什么差异化的产品和服务。技术可能提供了差异化，但不等同于产品和服务本身。

"变易"的标尺则为用户需求。多次登上"全球人工智能行业独角兽企业 100 强"榜单的中国企业旷视科技的创始人印奇曾提到："人工智能是一个很本质的技术革命。任何一项技术的早期，都面临着性能不够成熟、成本很高的问题。如果直接面向消费者，往往很难规模化。而很多传统行业对效率的提升有很大的需求，能最先适应人工智能技术的应用。"与很多人工智能创业者一样，他认为一个人工智能公司仅仅强调技术是不对的，而是要看技术产品背后的服务能在多大程度上获得用户认可。

（二）人工智能创业的快速

1. 两种时间观

创新性的变化是对环境的积极响应，"快"是技术创新时代变化节奏的标签。"快"则需要创业者对时间高度敏感，这与当前技术和社会系统的迅速变革密不可分。英国哲学家和社会学家齐格蒙特·鲍曼认为全球化和互联网时代的社会特征，不再是坚若磐石的固态，而是动若流沙的液态，因此，用时间维度而非空间维度来评判社会存在和变化的思考方式尤为重要。

不过，需要注意的是，将人工智能精尖技术转化为创业行动之"快"，不是时间点上的短暂，而是指在时间过程上的循环周期短。这就涉及关于时间的两个重要的理解视角：钟表时间与过程时间。两位英国学者朱利安·瑞耐克和赛兹·安萨利于 2015 年发表在管理领域顶级学术期刊 AMJ 的一篇文章，对比了这两种对时间不同的理解视角，表 6-2 是对这种研究观点的概括。

表 6-2　钟表时间与过程时间

比较之处	钟表时间	过程时间
时间观点	将时间视为绝对的、集中的、恒定的、线性的、机械的，是一种"牛顿主义"观点	将时间视为主观的、开放的、相对的、有机的和循环的，是一种非"牛顿主义"观点
宇宙观假设	"西方主义"：宇宙有始（本原）有终（结束），时间是一个线性进程	"东方主义"，古希腊主张：宇宙是无始无终的循环过程
描述方式	定量的	定性的
导向	限定期限导向	过程导向
逻辑	效率：时间是个稀缺资源	柔性：时间是个情境特征
人类掌控	时间被商品化，是工作纪律，工业组织的"机器时间"	难以被操控，轨迹随不同事件而变，易于从不同角度诠释
过去、现在和将来	离散的	时序的
变革和干预	竞争分析，战略规划和定位，自上而下的强制式变革；对工作过程的分析、再设计、再造和质量管理	通过组织活动将默会知识和因果关系进行分享和外化，围绕社会—技术准则进行试验性学习以及工作系统再设计

通过表 6-2 时间观的比较，可以看出人工智能创业的变易之"快"，侧重过程时间观的逻辑：不是线性、绝对的、离散的钟表时间之短，而是非线性、相对时序的过程时间之短。

人工智能技术创业实践中的迭代做法，就反映了这两种时间观的融合及其所蕴含的"快"智慧。迭代的概念起源于数学中的迭代算法，为了解决无法直接解决的复杂问题而产生，是从一个初始估计出发寻找一系列近似解法来解决问题的过程。所谓迭代开发就是从创意这一初始假设出发开始不断调整、修正想法，以探寻新的或是类似解决问题的方式，进而实现创意市场化的过程。迭代开发强调快速创新和用户创新，取"小而快"的开发模式，用极简的原型和小修小补快速更迭进入市场，与消费者互动，根据用户认知进行再次开发，重复迭代过程，不断创新并且增强对情境的适应能力。随着大数据、人工智能及区块链等新兴技术的涌现，技术革命蓄势待发，新技术领域的迭代开发尤为重要。相比传统技术，新兴技术在这些阶段都表现出相当的跳跃性和非线性。技术的内部开发和外部市场反馈共同促进迭代过程的演进，新兴技术创新的迭代过程规则难以捕捉，其创新轨迹具有显著的非线性特征。

2. 超前行动与后发赶超

在创业者实施创业行为和进入新市场时，超前行动是一种典型的创业导向，反映出创业者追逐新事业、应对环境变化的一种先动性心智模式。与超前行动导向不同，创新性导向是一种从事和支持可能产生创新产品、服务或工艺的新思想、实践、创造等的倾向，风险承担导向则是一种承担债务、大规模资源承诺、通过抓住市场机会来获取高回报的倾向。而超前行动导向的创业者或创业型企业更关注最快的创新，倾向于率先发起行动、第一个将产品或服务引入市场，主张主动寻找与抓取市场机会、寻求市场领先地位，而且更重视采取措施改变环境而非被动作为竞争者或市场环境的回应者。一些研究表明，由于超前行动导向的创业重视对环境的提前预测和主动塑造，比如时刻保持对未来市场需求和技术变革趋势的敏感度和应对力，从而能够利用信息和市场的非对称性提高其对资源的获取和整合能力，进而会提高企业的环境洞察能力，并最终影响初创企业的绩效。

同时，通过后发赶超实现后发优势也是技术创业者快速成长之道。后发赶超意味着创业者作为快速跟随者或模仿者，通过快速学习摆脱较同行业领先企业相比存在着的技术劣势与市场劣势，在劣势向优势转化过程中实现组织能力的追赶和超越，最终达成赶超的战略目标。后发优势意味着由后发者地位所致的特殊益处，这一益处先发者没有、后发者也不能通过自身的努力创造出来，而是完全与其经济的相对落后性共生的，是来自落后本身的优势。后发优势存在于资本、技术、人力、制度和结构多方面，其中技术的后发优势被讨论得最多。由于科学技术作为公共或准公共产品具有较大的溢出效应，这对科学技术比较落后的发展中国家来说就成为一个优势条件，可以花费较低成本、较少时间实现技术应用，有助于节约资源、缩短差距、发展更快。

可见，无论超前行动还是后发赶超，都反映出人工智能创业过程中的快速性。比如，德勤咨询公司研究报告曾表示，中国近几年在 5G 技术上掀起了一波令落后者难以追赶的"海啸"。再如，《经济学人》杂志提到"无人驾驶汽车的广泛应用，可能首先出现在中国，而不是西方"。而从时间进度来看，我国无人驾驶技术和产业发展其实较西方起步较晚。需要注意的是，人工智能创业的超前行动或快速赶超并不是只求高速度、牺牲高质量；相反，人工智能创业要成为推动高质量发展的高速运转新马达，从而提供循环永续新动能。就像我国人工智能专家潘云鹤所比喻的，"值此人工智能热潮，我国还需既用望远镜又用显微镜"，既要赶超高精尖的世界先进水平，又要超前行动勇探无人区，为新技术、新服务和新业态的跨界融合与创新服务提供支撑。

三、人工智能精益创业与价值创新

（一）精益创业

1. 精益创业源起

精益最早源于丰田汽车的精益生产。精益生产是一个复杂的管理体系，反映了价值创造和资源浪费之间的联系，关注如何节约、杜绝浪费，提倡"第一次把事情做对"，围绕以用户需求拉动生产的方式，形成及时化生产和零库存等新的管理方法，有助于企业取得巨大且持久的竞争优势。虽然精益思想诞生于丰田汽车生产过程中，但是当前也已广泛应用在创业管理领域，形成了精益启动的创新方法论。

精益创业融合了精益生产理论，吸纳了敏捷开发、顾客价值等管理理念，核心内涵是在总时间循环周期最小化的情况下，充分实现用户价值。其具体管理环节包括：确定目标用户、做小范围实验，根据可行产品的最小化、用户价值的最优化以及用户反馈信息的及时化进行产品迭代更新，然后通过这些循环步骤不断明晰核心认知，最终实现新企业的高速发展。

那么，精益与人工智能创业的联系是什么呢？人工智能领域创业者、创新工场创始人李开复曾谈到自己的体会：本质上，科学家和创业者有非常大的不同——科学家追求的是科研突破，创业者追求的是商业回报；科学家讲究严谨，创业者讲究速度；科学家要慢工出细活，而创业者要快速迭代。因此，科学家和创业者、风险投资人（VC）在本质上截然不同。

美国精益创业领域代表学者史蒂夫·布兰克，在帮助科学家创业过程中也总结出了如下体会和提醒：第一，科学家选题往往是冷门的，尚无很大市场；第二，科学家选题与创业风口有很大差异；第三，科学家不太愿意承认自己很可能不具备把技术转换成商业价值的洞察力和执行力。当然，这里绝对没有打压科学家参与创业的意味，只是提醒人工智能时代基于科技创新的创业活动，需要意识到精益思想所主张的快速启动背后的循环时间观。

2. 精益启动循环

精益启动亦被称为"精益创业"，是创业者在不确定性情境下的验证性行动，表现为创业者的无形无序想法转化为有形有序行动的循环过程。由于创业机会窗口可能随时关闭，因此如何抓准时机快速行动非常关键。以"快"为导向意味着创业者往往不是按部就班地执行脑海中的完美计划，而更像是做实验般地进行验证探索，这种"快"并非钟表时间意义上的短，而是过程时间意义上的循环周期短。无论即时还是延时，强调的是对不确定情境的反馈性和新事业启动的精益性。

精益创业包括三个关键事件"想法－产品－数据"（idea-code-data）和三个核心环节"开发－测量－认知"（build-measure-learn），如图 6-1 所示。具体而言，想法是指创业者的商业创意，开发是要建立价值假设

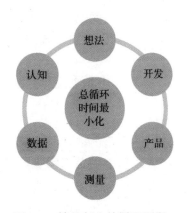

图 6-1　精益创业的循环周期

和增长假设并尽快面向潜在顾客设计推出产品，产品是指最小可行产品（MVP），测量是通过创新核算来及时评价每一个步骤和所有的阶段性行动与进展，数据是指定量或定性的测量指标结果，认知是指通过前述行动得以验证和证实的对情境事实的认识。以上六个步骤聚焦一个原则，即精益启动总循环时间最小化，强调在最短循环周期下，以最高质量、最低成本找寻有价值的认同，从而开发出最适合市场的产品。

上述循环针对新产品和新业务的推进，表现为将一个极简的原型产品投放到市场，用最小可行产品去了解潜在用户的需求，邀请用户共同进行产品的设计，通过不断的学习和有价值的用户反馈，对产品不断进行优化，使其真正满足用户的需求，适应市场，提供了避免产品认知失败的行之有效的办法，能够有力地提高创新的速度和效率，其本质是"把精益思维运用到创新的过程中"。

以人工智能独角兽企业商汤科技为例。公司创始人汤晓鸥博士毕业后，被邀请到香港中文大学信息工程系任教，继续从事计算机视觉相关领域的研究，于2001年7月建立香港中文大学多媒体实验室，2005年起他兼任微软亚洲研究院视觉计算组负责人。因此，汤晓鸥要在北京和香港两地工作，才两岁的儿子是他最深的牵挂。为了表达爱意并弥补无法经常陪伴孩子的歉意，他开始频繁地给儿子拍摄照片，相册几乎涵盖了儿子成长的每个瞬间。直到照片积攒到成千上万张时，他意识到分类成了难题，想在海量照片中找到某个时间段或某个有趣瞬间的照片非常困难。

在计算机视觉技术还远没有今天成熟的时候，他决定一试，叫来几位学生开始研究名为PhotoTagging的课题，采用最新技术手段来对相册进行分类整理。这是汤晓鸥利用人脸识别技术走向实际应用的开端。"我可以用人脸识别、人脸检测，用这种人工智能技术，帮助大家来管理、整理相册。"这就是从想法到开发的阶段。

随后，创始人团队的产品，通过测量和反馈的数据，不断认知和调整技术模式，2011年起实验室的几十位博士、教师开始研究深度学习。2014年3月，其团队发布人脸识别算法，准确率达98.52%，在全球首次突破人眼识别能力，新的迭代技术让汤晓鸥团队名噪一时。IDG资本合伙人也慕名而来，助推研究团队走出实验室，2014年10月，商汤科技正式成立。

（二）价值创造与创新

1. 价值创造

人工智能精益启动循环的结果是带来创新价值。《精益创业》一书的作者、美国国学者埃瑞克·莱斯认为，创建新的机构往往肩负长期使命、创造可持续价值、把世界变得更美好的使命，但最重要的是，要杜绝浪费人们的时间。他在书中引用了"科学管理之父"、美国经济学家弗雷德里克·泰勒的观点："我们可以看到和感觉到物质的直接浪费，但由于人们不熟练、低效率或指挥不当的活动所造成的浪费，则是既看不见又摸不到的。要认识这些，就需要动脑筋，发挥想象力。也正是这样的原因，尽管我们在这方面的日常损耗要比物质的直接浪费大得多，但后者使人触目惊心，而前者却容易使人无动于衷。"

因此，人工智能精益启动作为科学管理的延伸，终极目标还是创造更好、更多的价值。人工智能精益启动的价值创造通常表现为以下三种形式：一是在组织内部提高研发效率。人工智能技术可以通过提高研发活动的效率创造价值，比如缩短研发周期、节约生产资源、完善创新保障体系等。二是组织外部实现要素融合。人工智能精益启动有助于激活数字化资源要素、响应个性化用户体验、联结多元化行业知识。三是组织未来构建创新能力。人工智能技术和产业的精益化发展，也是对社会变革的引领。比如对已有产品和服务的革新、打造全新产品和服务、重塑用户需求甚至实现用户价值共创等。

2. 价值创新

伴随技术发展的日新月异，人工智能精益启动创造的价值也需不断进行价值创新。一是内向型价值创新，即人工智能创业企业积极搜寻和获取企业外部创新资源，如供应商、顾客以及外部其他组织或个人的技术、发明、创意、知识等，以节约企业的研发成本与时间，提升企业的创新性，从而推动更大的价值创造。二是外向型价值创新，即人工智能创业企业快速将其技术、专利、知识和创意外部化，从而能够使内部开发被更快地带向市场而实现市场价值。三是混合型价值创新，即人工智能创业企业融合以上两种价值创新方式，通过与合作者建立先动性和开放性的联盟合作等方式来共同创造价值。

因此，人工智能精益启动的快循环，不是指在行动实施的钟表时间上早一段、早一拍，而是在价值创造和创新过程时间上早一圈、早一代。以摩尔定律为例，这是信息技术产业领域与时间密切相关的一个定律，由英特尔创始人之一戈登·摩尔在20世纪60年代提出，意指集成电路上可容纳的元器件数量每隔18～24个月就会增加一倍，性能也将提升一倍。这在数学本质上是一个指数式发展定律。虽然有学者认为摩尔定律在当代的硬件领域已经失效，但其在人工智能计算能力方面发挥的驱动作用依然未被动摇。商汤科技联合创始人徐立认为，我们进入了软件的摩尔定律时代，软件性能通过人工智能快速增长，你只要领先，带来的时间窗口可能是一年，甚至更长，18个月就可以超越前一代整体一倍的性能。可见，摩尔定律虽然表述为时间数值上的长短，但其更蕴含有价值创造和创新的快慢循环。

不过，精益启动的快循环还需要避免成为死循环。生物学领域有一种奇特的"环磨"现象，讲的是几乎不能依靠视力导航的军蚁，总是通过寻找前面一只蚂蚁留下的气味等信息作出判断，结果导致它们常常没有目的地一直绕圈子，甚至陷入"自杀螺旋"，最后因为精疲力竭而死亡。因此，人工智能创业的精益启动并非等同于让循环周期越短越好，如果节奏把握不当，循环得越快，"死"的可能性也越大。埃森哲[①]2018年发布的报告指出，遍地开花的人工智能初创企业，"创业的成功率只有5%，未来大部分人工智能创业企业都会被淘汰"。技术的发展速度太快，随着人工智能的不断普及，更多企业带来创新的同时，也使人工智能企业面临更大压力。如何在快循环的同时实现久循环，价值创新是解决问题之道。

第二节　人工智能创新创业的"双循环"新发展格局

一、"双循环"新发展格局

2020年7月21日，习近平在企业家座谈会上指出："面向未来，我们要逐步形成以国内大循环为主体、国内国际双循环相互促进的新发展格局。"这一指示要求为我国经济发展指明了方向，也为人工智能创新创业的新发展格局明确了任务。

以国内大循环为主体，要求集中力量办好自己的事，充分发挥国内超大规模优势，通过繁荣国内经济、畅通国内大循环为我国经济发展增添动力，带动世界复苏；国内国际双循环相互促进，要求在以国内大循环为主体的同时，不能关起门来封闭运行，而要通过发挥内需潜力，使国内市场和国际市场更好联通，更好地利用国际国内两个市场、两种资源，实现更加强劲可持续的发展。两个方面各有侧重、缺一不可，共同构成新发展格局的完整内涵。

但是，构建双循环新发展格局并非易事，区域创新发展和协调发展过程中依然存在一些明显的问题：一是知识转化链条亟待完备、应用效率仍需提升，创新发展离不开资本、土地、劳动、技术、知识和数据等生产要素的充分流动，特别是新知识转化

---

① 埃森哲（Accenture）注册成立于爱尔兰，是全球最大的上市咨询公司和《财富》世界500强公司之一（2020年排名279位），为客户提供战略、咨询、数字、技术和运营服务及解决方案。埃森哲为超过120个国家200个城市的客户提供服务，其客户包括超过四分之三的世界500强企业、各国政府机构以及军队。埃森哲立足商业与技术的前沿，业务涵盖40多个行业，凭借独特的业内经验与专业技能，以及翘楚全球的交付网络，帮助客户实现具有深远意义的变革，提高客户的绩效水平，其专业的服务和质量在客户中享有盛誉。

亟待高效循环运行。如果技术市场发育不完善，那么就会影响新知识流动，导致孤岛现象，难以满足经济高质量发展对新技术创新的需要。二是产业链、供应链循环有阻滞风险，尤其是面临一些发达国家对中国高科技企业的围堵和打压，迫切需要产业链、供应链环环相扣，上下游高效联动。

二、人工智能创新创业助力双循环

人工智能创新创业活动在双循环中表现亮眼。中国信息通信研究院发布的《中国数字经济发展白皮书（2020）》表明，2019年我国数字经济增加值在GDP（国内生产总值）中的比重为36.2%，对GDP增长的贡献率为67.7%。特别是在2020年，数字经济为我国新冠疫情的有效防控做出了重要贡献。从数字经济发展及其所表现出的能效来看，数字经济可以成为推动我国经济双循环新发展格局的重要抓手。其中，具有代表性的是人工智能对新基建的支撑作用以及带来的辐射带动效应。

目前，中央对加快新型基础设施建设进度接连做出重要部署，多地推出了许多投资和建设计划，科技行业特别是数字型科技公司纷纷参与新基建。新基建主要指以5G、数据中心、人工智能、工业互联网、物联网为代表的新型基础设施，本质上是信息数字化的基础设施。基础设施是经济社会活动的基础，具有基础性、先导性和公共性的基本特征，对区域国民经济创新和协调发展至关重要。

新基建是对基础设施的创新，可以推动创造新服务、新业态。它可以改变科学研究、研发设计、供应链协同的基本模式。比如，在生产过程中建立基于数据创造的新价值网络，可以实时把消费者需求传递给生产侧。这种数字基础设施可大幅提升全要素的经济效益，从而促进双循环新发展格局的快速形成和发展；同时还将推动基础研究的深入，促使云计算、人工智能的算法、芯片等领域取得更多成果，有助于补上技术领域的短板。

第三节　人工智能创新创业的治理创新

一、良法

法治兴则国兴，法治强则国强。法治是人类文明进步的重要标志，是治国理政的基本方式，是创新创业"最好的营商环境"。面对人工智能技术所引起的风险问题，创新创业者首先应该关注的是守住人工智能产品底线。人工智能创新创业治理应避免技术作恶，为此，法律法规方面需要做大量工作，包括制定行业标准和规范以及从国家层面完善、出台相关法律法规，对人工智能技术发展进行把控。不过，人工智能创新创业方面的法律，不应等同于惩戒的镣铐，而是建立包容性社会的工具，为此，法律界要与技术创新和创业领域合作，这样通过良法治理人工智能技术的目标才能达成。

目前，世界各国的相关立法工作已经展开，但是挑战与机遇并存。2016年，欧洲议会法律事务委员会在一项动议中将最先进的自动化机器人身份定位为"电子人"，2017年沙特阿拉伯授予机器人"索菲亚"公民身份，引发了公众对人工智能系统法主体资格的疑问。2017年9月22日，浙江省绍兴市警方侦破全国首例利用人工智能技术实施的侵犯公民个人信息的案件，摧毁入侵网站"黑客"团伙、利用人工智能技术识别图片验证码团伙等43个团伙，成功截留被盗公民个人信息10亿余组，引发了公众对人工智能应用中个人信息安全的关注和担忧。2019年8月，国内首个人工智能安全与法治导则《人工智能安全与法治导则（2019）》在世界人工智能大会唯一的安全分论坛上正式发布，从算法安全、数据安全、知识产权、社会就业和法律责任五大方面，对人工智能发展的安全风险做出科学预判，提出安全与法治应对策略。

2021年，《中华人民共和国民法典》（以下简称《民法典》）正式开始实施。针对人工智能发展之后出现的AI换脸技术，《民法典》第1019条规定任何组织或个人不得以丑化、污损，或者利用信息技术手段伪造等方式侵害他人的肖像权。针对计算机、人工智能算法和语音识别技术的发展，《民法典》首次将声音权作为一种独立的新型人格权予以特殊保护，以适应未来人格利益发展的需要。《民法典》第1023条第二款规定，对自然人声音的保护，参照适用肖像权保护的有关规定。根据《民法典》的规定，除合理使用等情形外，任何组织和个人未经同意，不得制作、使用、公开他人的声音。

当然，发挥监管作用的良法不是在限制人工智能创新创业，而是为了助力其更加健康持续地发展。通过科学研判新问题，采取对症下药的精准措施，全面排查或摸清不足之处，从而帮助人工智能新业态新模式不断成熟完善，让良法成为人工智能创新创业活力的守护者。例如，网约车出现之初也曾暴露安全问题，但通过监管与行业的持续互动，作为新业态的网约车如今实现了更加健康的发展。

二、善治

党的十九届四中全会通过《中共中央关于坚持和完善中国特色社会主义制度、推进国家治理体系和治理能力现代化若干重大问题的决定》，最终目的是达到良好的社会治理，即走向善治。关于如何实现善治，《群书治要·傅子》中讲："明君必顺善制而致治，非善制之能独治也；必须良佐有以行之也。"这说明，实现善治必须具备两个条件：善制（完善的制度）和良佐（德才兼备的领导人才）。换言之，公正的制度必须有正义美德的人才能设计出来；而即使公正的制度设计出来了，也必须有正义美德的人才能实施到位。

人工智能创新创业为善治提出了新的挑战。当前，以数字经济为代表的新业态新模式蓬勃发展，不仅创造出了强大的创业潜力、就业能力和经济价值，也为社会化等领域带来了深刻改变。创新创业既蕴藏着无限潜力，也意味着众多的风险和不确定性。2020 年年底，多个与新业态新模式有关的监管新规向社会公开征求意见，拟将小额贷款、直播带货、平台经济等新业态新模式纳入监管，这些都是健全国家治理急需的法律制度、满足人民日益增长的美好生活需要必备的法律制度的体现。对监管部门来说，在鼓励创新的同时进行有效监管，在包容与审慎中找到平衡点，才能实现良法善治的目的。

人工智能创新创业也为善治提供了"智"方案。随着人工智能嵌入"中国之治"，善治也不断涌现新范式、新工具、新模式，智治是当今社会治理方式现代化的体现之一。智治意味着智能化建设上升为重要的治理方式，推进社会治理体系架构、运行机制、工作流程智能化再造。为此，在治理的基础设施方面，要统筹规划政务数据资源和社会数据资源，完善基础信息资源和重要领域信息资源建设，通过创新创业构建并完善万物互联、人机交互、天地一体的网络空间；在治理的应用体系方面，要推进和拓展人工智能在社会治理场景中的创新应用和创业探索，提高网络安全态势感知、事件分析、追踪溯源能力，加强工业、能源、金融、电信、交通等关系国计民生的重要行业、领域关键信息基础设施的安全保护。

2020 年以来，以数字经济为代表的新业态新模式的重要性愈发凸显，成为对冲疫情影响、重塑产业格局和提升治理能力的重要力量。为此，中国主张国际社会应该为大数据、人工智能和物联网等数字经济营造更加有利的发展环境，为各国科技企业创造公平竞争的环境。这不仅有助于克服疫情造成的割断、阻塞和恐慌，而且有助于解决长期困扰人类社会的贫困、气候变化和生态环境恶化等问题。中国的经验表明，伴随人工智能科技革命和产业变革，良法善治作为一种人类命运共同体理念和意识，将更有力地为新业态新模式的健康可持续发展保驾护航，让人民群众共享人工智能创新创业带来的发展红利。

第七章　人工智能技术创新与创业伦理

中国人工智能伦理治理，关注未来人工智能的长远发展，开展持续性的预测研究，积极对人工智能的长远发展及其社会影响进行前瞻性部署，以确保人工智能安全可靠、可控，推动经济、社会及生态可持续发展，共建人类命运共同体。2019年6月，我国新一代人工智能治理专业委员会发布《新一代人工智能治理原则——发展负责任的人工智能》，提出了人工智能治理的框架与行动指南，强调了"和谐友好、公平公正、包容共享、尊重隐私、安全可控、共担责任、开放协作、敏捷治理"八条原则。

第一节　人工智能技术创新的伦理问题

一、人工智能技术创新的伦理责任

（一）人工智能伦理源起

机器伦理并不是新鲜话题，而且从一开始就确定了善的本性。作为极具颠覆性的技术创新系统，人工智能应当负责任。1942年，美国作家艾萨克·阿西莫夫就在短篇科幻小说《环舞》中提出了具有伦理属性的机器人三定律：第一定律，机器人不得伤害人类，坐视人类受到伤害；第二定律，在与第一定律不相冲突的情况下，机器人必须服从人类的命令；第三定律，在不违背第一定律与第二定律的前提下，机器人有自我保护的义务。

这三个定律虽然来自80多年前的科幻作家，却一直伴随并深刻影响着人工智能技术的发展，就像悬在空中的"达摩克利斯之剑"，时刻警示着人们防止人工智能像罂粟花一样美丽绽放之后结出恶果。1950 年，艾伦·图灵发表的论文《计算机器和智能》被视为人工智能的先声。其实，这篇发表在英国哲学杂志《心智》上的论文也是哲学史上的经典之作，不仅展示了人工智能技术的发展方向，同时也提醒了人工智能对人类的可能威胁。英国物理学家霍金生前也多次警告人们，人工智能在并不遥远的未来可能会成为一个真正的危险。

虽然关于人工智能是好是坏的争论依然持续，但可以确定的是，人工智能技术创新也应当坚持"人之初，性本善"。人类要尽全力确保人工智能发展对于人类和环境有益，尤其在人工智能再次爆发的今天，人工智能性本善应当受到关注和重申。人工智能伦理成为人工智能研究领域必要且重要的主题。

也许以下测试结果更能反映人工智能的善恶矛盾。谷歌测试过让人工智能玩电子游戏，看看它玩游戏与人类有什么不同。在一个模拟飞机游戏中，操作者让飞机着陆获取高分，而人工智能很快就发现这个游戏的缺陷——飞机如果解体了会获得完美着陆的高分，于是人工智能将飞机提高到一个极限速度并让它爆炸解体……如此看来，当人工智能认为自己的任务目标高于一切，是不是什么事都能做出来，而不会像人类那样受到道德情感束缚？

（二）人工智能伦理研究

人工智能伦理研究既包括对技术本身的研究，也包括在符合人类价值的前提下对人、机和环境之间的关系研究，涉及人工智能伦理、机器道德、机器人伦理、机器伦理、道德机器、价值一致论、人工道德、技术伦理、人工智能安全、友好人工智能等多个议题，横跨计算机科学、人工智能、机器人学、伦理学、哲学、生物学、社会学、宗教等多学科领域。

目前，学术和实践领域对人工智能发展及其引发的伦理认识主要有三种观点：一是传统观点，认为人类智能是人工智能的极限状态；二是谨慎观点，认为人工智能的发展会威胁人类生存且存在"作恶"可能；三是乐观观点，认为人工智能最终能够达到乃至超越人类智能水平，支持奇点理论和人机共存。前两种观点在伦理问题上有相近之处，认为人工智能作为手段和工具，无法区别"善与恶""好与坏"，关键在于应用后果的善恶评价。而且由于人工智能发展仍处于初级阶段，所以无法确保人工智能必然会服从人类设定的道德标准，提倡加强人类智能与人工智能之间的关系问题研究。第三种观点在伦理问题上常会片面或孤立看待人工智能的积极方面，容易忽视或掩盖人工智能的消极作用，同时也有人主张采取谨慎发展的态度，提倡通过政府监管等方式来制定机器伦理、治理准则和价值体系。

更为重要的是，人工智能伦理有其复杂性和独特性。历史上围绕创新技术的伦理讨论并不鲜见，比如炸药和克隆技术在推动社会进步的同时也会带来伦理问题。但是，相比较而言，人工智能这把双刃剑更加锋利和迅捷，一面是能为人类生活带来颠覆创新的强大"建设性"，另一面却是可能替代甚至摧毁人类的巨大"破坏性"。借用特斯拉 CEO（首席执行官）埃隆·马斯克的判断，人工智能是人类在不知不觉中创造的"不朽独裁者"，这个比喻就反映出人工智能伦理相较于其他技术伦理的差异：不是针对人与人的关系、人与自然的关系，而是解决人与自己创造出的机器之间的关系。这个类人甚至超人的机器的社会互动性和行为能动性更强，不少人提出要给予人工智能法律主体身份来对其进行规制。

二、人工智能技术创新的伦理难题

（一）电车难题与人工智能伦理

如何判断"好事情"与"坏事情"，对人和机器都是一件难事，不妨来看看伦理学领域著名的思想实验之一"电车难题"。这个实验的大致内容是：一辆有轨电车正朝五个人驶去，挽救这些生命的唯一方法，就是控制开关让电车驶向另一条轨道，但这样做则会碾压另一条轨道上的一个人。在这种场景下，你会选择打开开关、换一条轨道吗？随着无人驾驶汽车日益普及，特别是一些无人驾驶车祸事故的发生，"电车难题"成为保证无人驾驶安全性甚至人工智能伦理必须思考的问题。

麻省理工学院参考"电车难题"设计了"用户应该撞向路人还是撞向障碍物（乘客会遇难）"等场景，在 2016 年启动了一个名为道德机器的在线测试项目，搜集整理公众的道德决策数据，并在 2018 年 10 月的《自然》杂志上发表了他们的研究发现。研究人员对 9 个不同的因素进行了测试，其中包括用户更倾向撞到男性还是女性，选择拯救多数人还是少数人，牺牲年轻人还是老人，普通行人还是横穿马路的行人，甚至还会在地位低和地位高的人之间做出选择。来自 233 个国家和地区的数百万用户共计 4000 万个道德决策的数据反映出一些较具一致性的全球偏好：更倾向于拯救人类而不是动物，拯救多数人牺牲少数人，优先拯救儿童。

不过，思想实验的结果落到具体现实中，又有了不一样的表现。虽然上述研究表明，测试者倾向于拯救多数人牺牲少数人，但是，在少数人是自己的孩子、多数人是陌生人的场景下，不少测试者会选择放弃让电车转向（牺牲多数人），而去保护自己的孩子（拯救少数人）。奔驰公司面对这个难题也曾给出正面回应：奔驰的下一代无人驾驶车"会优先保证车上乘客的安全。如果有可能拯救生命，那么一定要先救车上的乘客"。但这样的表态，又引发了新的争论。

（二）人工智能伦理决策

从善如流对人类而言并非自然而然，那么，人工智能伦理也容易口惠而实不至。哲学家罗素认为，在一切道德品质之中，善良的本性在世界上是最需要的。"最需要"往往意味着"最稀缺"。耶鲁大学心理学教授保罗·布鲁姆在多年实验研究的基础上发现，每个人内心都活着一个苛刻的"道德家"，成为一个好人不容易。同样，如何让具有很强溢出带动性"头雁效应"的人工智能成好人、做好事，非常重要但也极具挑战。

人工智能技术的潜在风险非常广泛，其中很多风险涉及伦理问题。美国兰德公司2019年发布的一篇报告提出，美国在军事领域开发和部署人工智能方面面临巨大的伦理障碍，阻碍了军方与本国科技公司的合作。例如，谷歌决定取消与国防部的Maven图像识别项目合同，因为旗下员工反对他们的研究成果用于军事目的，认为这有违伦理。同时，美国其他大型科技公司也在与军方合作方面面临着来自员工反对的压力。

当前人工智能伦理决策标准难以统一，甚至也不应该整齐划一。德国联邦交通运输和数字基础设施部门的道德委员会，在2017年联合科学家和法律专家提出了约20条无人驾驶规则，承诺要通过某种方式强制执行这些规则。但是，美国交通部在这方面却有着不太一样的态度，提出每年发布的指南是自愿性而非强制性，主张针对人工智能这一尚在迅速发展的新生事物，首要行动是消除不必要的障碍，灵活变通和技术中立的政策比规定具体的技术解决方案更能保障并改善安全性。

人工智能伦理决策不是非黑即白、非好即坏的。谷歌旗下视频服务公司YouTube为了遏制虚假新闻在自己网站上传播，自2018年开始在新闻视频中加入指向维基百科和百科全书条目的链接，这原本是一件好事情。那么，谁来掌控这个方向呢？目光聚焦在人身上。让如电车般飞速疾驶的人工智能做善事，关键还是回到技术背后的人，"电车难题"实质上还是"电车人的难题"，而这些人不只有司机。

第二节　人工智能伦理的行动主体

一、算法、算力与算料的伦理主体

人工智能伦理主体涉及方方面面，首要的是引领人工智能技术发展的三驾马车——算法、算力和算料背后的人。他们如何不犯错误、驱动人工智能积极向善呢？

（一）算法伦理：脑力向善

人工智能算法的标志是深度学习，与人工神经网络密不可分，是人工智能焕发生命力量的来源。道德算法是嵌入在算法体系中有待完善的算法程式，是在不断变化发展之中而非某种具体现存之物，也难以一蹴而就或一劳永逸。作为一种人工建构，算法是通向"目的善"的"手段善"，依附于人类主体模式，因而算法需要体现或遵循人类主体模式下的"善法"，才能以有责任感的方式推进道德算法的进化及其在机器中的嵌入。

前文 YouTube 的例子，就是因为算法出了问题，公司已经承认"这些面板是通过算法触发的，有时会犯错"。不过，依赖顶尖科学家来完善道德算法以解决人工智能伦理问题也潜藏巨大风险。纽约大学 AI Now 研究所在 2019 年 4 月发布的报告中发出警告：人工智能领域教授中的女性和有色人种比例严重不足，白人男性编码人员过多就可能带来潜在的无意识偏见。为此，该研究所建议企业能够发布更多按照种族和性别划分的补偿数据，来规避"多样化危机"。

作为人工智能时代的道德建构，让算法遵循"善法"的原则包含两个重要的伦理尺度：一是人工智能自身嵌入的道德，涉及人工智能带来的智能主体模式及其相关伦理尺度；二是人类在拓展人工智能的过程中进行的道德建构，涉及常见的人类主体模式以及人类主体与人工智能主体相处的"主体间"模式及其相关伦理尺度。目前赋予人工智能以道德能力的算法大致有三种：一是通过语义网络扩增道义逻辑，形成义务与许可概念；二是通过知识图谱建立关联法则，预测道德判断情境；三是通过云计算发掘相关关系，评估或预测行动后果。

（二）算力伦理：心力向善

人工智能的算力以芯片为标志，具有专用架构，应用在云端和终端的不同场景中，是实现算法的载体，比如 AlphaGo 需要 1920 个 CPU 和 280 个 GPU 才能完成计算。算力看上去像是没有善恶的物理中间派，实际上，作为支撑算法的效率加速器，当人工智能伦理方向出了问题，算力水平越高，则带来的危害越大。这就不难理解为什么很多人会把"芯"片解读为"心"片，算法背后的人解决人工智能的大脑问题，算力背后的人需要关注人工智能的"心"问题。

有人用"拔电源"来比喻阻止人工智能做坏事的途径，好比让心脏停止跳动，形象说明了从算力层面解决伦理问题的做法。但是，这个说法让人工智能停留在个体机器人阶段时也许是成立的，而人工智能的发展趋势是与万物互联，当人工智能融入高度发达的社会体系，几乎可以摆脱人们手中有形的那根电源线。

因此，算力层面依然需要有心人关注人工智能伦理责任。以人身安全为例，相对于传统互联网的无形，物联网直接与现实世界中的设备连接，除传感器和通信外，物联网许多元素还包括执行器，具有物理存在感和能力，在一定程度上会威胁到乘客以及行人的人身安全。

还有研究发现强大的算力往往意味着过多的计算量。根据非营利组织 OpenAI 在 2018 年的调查，训练大型模型所需的计算资源每三到四个月就会翻一番，还有研究提出开发大规模的自然语言处理模型可能会产生令人震惊的碳足迹，因为大多数研究团队更看重最新技术水平的研发，而不考虑开发成本。事实上，如果按照现有的算力发展速度，人工智能的用电量将在 2025 年占世界用电量的十分之一。这样看来，能帮助人们解决节能环保问题的人工智能目前并不节能环保。

（三）算料伦理：动力向善

人工智能的算料就是海量数据，没有数据就没有人工智能发展的土壤，引爆人工智能热潮的关键因素之一是大数据应用发展最后一千米的打通。这些海量数据背后的人就是用户，进一步来说，算料加工存在道德问题的"始作俑者"可能就是提供原材料的用户自身。人工智能依据大数据形成用户画像、了解消费习惯，进而可以精准溢价。比如大数据"杀熟"，很多人在不知情的情况下为人工智能添油加料，然后被这个"最懂我的人"伤得最深。但是，用户愿意或能够做到不把数据甚至隐私数据"投喂给"人工智能吗？

数据在驱动人工智能发展的过程中还存在诸多伦理问题。不同人群在使用数字设备和技术上存在千差万别，其中有些差异是结构性的，这就容易造成数据集存在不少与发展相关的问题，或者某些社会群体代表程度偏低或不够。如果以这种数据作为决策依据，那么，就有可能对那些代表程度偏低的问题或人群造成不公。比如"数字鸿沟"的提出，主要聚焦于数字有产与数字无产之间的区别，这些研究认为在拥有数字基础设施（如计算机、互联网接入）层面，会存在相应的社会经济不平等。随着互联网的普及，因为基础设施占有而引起的数字不平等在逐步缩小，研究人员转而更加关注其他层次的不平等，"数字鸿沟"会沿着传统的不平等而展开，如收入、教育、种族、性别、居住区域等。

因此，驱动人工智能发展的大数据也存在如何向善的问题，避免出现"信息层面的剥夺者"，让他们在数字时代只能处在一个更加劣势的发展和经济位置。因此，应从数据搜集、数据处理和数据应用三个环节不断完善大数据治理体系，警惕在不同环节"埋伏"的不正义的伦理议题，在经济资源、技术设施、分析能力、行动能力、组织化程度等多角度提升全民数字素养，在政策和实施层面做到"大数据的平权"。

由上可见，人工智能算法、算力、算料背后的程序员、科学家、工程师和消费者，都是影响人工智能伦理的重要主体，但谁也难以独当一面。比如 eBay 公司曾经的创始人，在 2018 年成立了总部位于伦敦的组织 Luminate，通过设立基金来让公众更好地认识人工智能带来的危害，确保人工智能能够维护公平、人类自治和正义的社会价值观。关于为何进行这项公益事业，Luminate 的首席执行官表示："这是一个新生的领域，我们发现，人工智能是由那些不关心道德后果的程序员开发出来的。"这样的评价失之偏颇，但也反映出为人工智能伦理制定方向和节奏，需要整合多主体的力量以使众人不跑偏。

二、创业者是人工智能伦理方向的整合者

（一）创业的整合之道

创业者拥有并擅长整合之道。资源整合是创业和成长的源泉，整合的是组织所拥有的独一无二的各类资源集合。创业者对此资源集合的运用能力，决定着创业能否挖掘到的特殊机会。新创企业是构建在一定管理框架之内对一组资源的新组合。资源整合能力包括两个层面：一是从外部环境中识别和获取所需资源的能力，二是对内部资源进行识别、获取、配置和利用的能力。

新创企业在成立初期都会面临资源极度匮乏的困境，为了将心中宏伟的商业蓝图变为现实，创业者会将手边可利用的资源创造性地加以改造或重组，这种"即兴而作"的方式以合适为原则，得到的结果可能不那么完美，却能有效、迅速地摆脱资源约束，实现心中的梦想。这种资源整合的方式在创业研究领域中被定义为"资源拼凑"。

创业是高度平衡的艺术，创业的关键要素（创业者或团队、创业机会、创业资源）与人工智能的核心支柱（算法、算力、算料）具有异曲同工之妙。创业者或团队作为创业过程的起点，发挥着主观能动作用，就像算法在人工智能中的大脑地位，推动大量活动不断创新和迭代。机会承接着创业者的认知与情境特征，表现为一种未被明确的市场需求，发挥着如同芯片的承载作用，驱动创业者通过满足市场需求来减少情境中的知识"能耗"，启发创业者通过创造市场需求来提高情境中的知识"性能"。对创业而言，没有资源是万万不能的，但资源又不是万能的，这与数据对于人工智能的价值非常相像，反映了各种要素整合的效用。

（二）创业与伦理融合

创业者驾驭人工智能创业团队、机会和资源，融汇硬技术与软思想，主导着人工智能伦理方向。在人工智能创业过程中，资源是稀缺的，情境是不确定的，风险难以

预测，规则尚未完善，竞争压力如影随形。面对这些挑战，创业者也会在追求个人利益与遵循伦理规范之间陷入两难困境。不过，创业者不是在光明地带或黑暗地带之中做选择，而是通过创新、风险承担和超前行动"绘制地图"。换言之，具有伦理导向的创业行动有助于整合各方力量来创造性地解决人工智能中的伦理难题。

人工智能企业的创业伦理，是指新创人工智能企业在创业过程中所应该遵循的伦理道德和规范，是整个企业组织行为和员工个人行为活动的依据和准则，同时为创业过程中所出现的伦理问题提供处理方式和判断依据。营造信任和合作的伦理氛围对实现组织目标具有重要作用，而这离不开隐性结构和显性结构的支撑。显性结构包括可被旁观者观察到的正式架构、合规计划、使命陈述和道德培训项目等；隐性结构则包括旁观者难以察觉的非正式架构、管理者与员工拥有的伦理认知和开展的伦理讨论以及受到组织认可的诚信行为等。

创业伦理对人工智能企业的资源获取和机会开发具有双刃剑作用。一方面，伦理道德约束企业在获取资源时采用正当的渠道和方式，合理使用资源。为了企业的长久存续，创业者在企业建立初期要具有长远的战略眼光，通过合理合法的正规渠道获取资源，更要合理地利用资源。良好的创业基础为未来事业的发展打下根基，避免企业陷入"创业原罪""寻租"等困境，同时避免在竞争的过程中被竞争对手陷害和超越。另一方面，伦理道德的约束要求企业提高对内部资源的保护意识。专利、技术等涉及企业核心竞争力的关键性资源关乎企业的生存和发展，是企业保持竞争优势和在市场上立于不败之地的关键，对这些关键资源的保护是企业在运用资源时应注意的重要问题。

创业领域权威期刊《商业风险期刊》在 2009 年曾推出了"伦理与创业"专刊，其中围绕技术创新与创业伦理进行了专门讨论。有文章提出，技术是价值载体。技术创新特别是"破坏性创新"带来的范式变革，冲击着每个人的价值判断，而创业者特别是创业型企业是伦理变革的行动主体，他们往往通过充满想象力的方式来直面伦理创新情境带来的问题。甚至可以说，正是伦理困境成为创新创业的源泉，基于技术创新的创业伦理是未来研究值得探寻的"大道"。

第三节　上善若水的人工智能创业伦理

一、人工智能创业伦理的行动方向

人文智慧中蕴藏着技术创新问题的解决思路，人工智能创业伦理也不例外。说到从善如流之道，相信许多人会想起《道德经》第八章"上善若水"。虽然这里的"善"不只意味着善良，但是，老子总结的、近于道的七点水德——居，善地；心，善渊；与，善仁；言，善信；政，善治；事，善能；动，善时——就蕴藏着人工智能创业伦理实践可以参考的门道。

古今中外的结合更能碰撞出思想火花。2019年4月，欧盟发布了人工智能伦理准则（以下简称欧盟准则），也列出了七个可信赖人工智能的关键条件：人的能动性和监督能力、稳健性和安全性、隐私和数据管理、透明度（可追溯性）、包容性（多样性、非歧视性和公平性）、社会和环境福祉、问责机制。2019年10月8日，商汤科技等8家人工智能企业被美国列入出口管制"实体清单"，对此，成立于2014年、成为全球最具价值的人工智能创新企业商汤科技回应道："我们通过制定并实施严格的人工智能技术使用的伦理标准，让人工智能技术能获得正确的应用，以最负责任的态度推动人工智能技术发展。"

为此，不妨把上善若水七点水德、欧盟七条准则与我国人工智能企业的创业伦理行动相结合，在理论与实践、经典与探索以及东西方的交织中提炼相通之处，探寻人工智能创业伦理的行动方向。

居，善地。原意为选择地方，对人工智能创业伦理的启示在于，目标定位应着眼社会价值。欧盟准则中的"社会和环境福祉"也是在强调人工智能系统的应用应促进积极的社会变革，增强可持续性和生态责任。例如，商汤科技的愿景和使命，瞄准了社会问题的解决：坚持原创，让人工智能引领人类进步；致力于研发创新人工智能技术，为经济、社会和人类发展做出积极的贡献。

心，善渊。原意为心胸深沉，对人工智能创业伦理的启示在于，市场开拓应朝向包容创新。欧盟准则中的"包容性（多样性、非歧视性和公平性）"就意味着人工智能系统应考虑人类能力、技能和要求的总体范围，并确保可接近性。例如，人工智能创业型企业积极向医疗、健康、养老、教育等金字塔底端的市场拓展，旨在从基础改变世界，惠及人们的生活。

与，善仁。原意为待人友爱，对人工智能创业伦理的启示在于，用户服务应注重友好体验。欧盟准则中的"稳健性和安全性"也主张人工智能算法应足够安全、可靠和稳健，以处理人工智能系统中所有生命周期阶段的错误或不一致。马化腾提出的人工智能"可知、可控、可用、可靠"就关注了人工智能如何让更多人共享技术红利和避免技术鸿沟的同时，能够足够快地修复自身漏洞，真正安全、稳定与可靠。

言，善信。原意为恪守信用，对人工智能创业伦理的启示在于，价值实现应坚持诚信为本。欧盟准则中的"隐私和数据管理"是指公民应该完全控制自己的数据，同时与之相关的数据不会被用来伤害或歧视他们。2019年9月，旷视科技研发的视觉人工智能在教育场景中的应用引发关注甚至争议，对此，公司的回应也再次强调了坚持正当性、数据隐私保护等核心原则，积极接受社会的广泛建议和监督。

政，善治。原意为治理有方，对人工智能创业伦理的启示在于，治理体系应加强制度建设。欧盟准则中的"问责机制"意味着需要构建人工智能系统及其成果负责和问责机制。人工智能技术发展走在前面，法律规范、社会公德、人们的习惯、社会治理方式相对滞后。我国新一代人工智能治理专业委员会在 2019 年 6 月发布《新一代人工智能治理原则——发展负责任的人工智能》，以期为人工智能治理提供参考框架和行动指南。

事，善能。原意为发挥所长，对人工智能创业伦理的启示在于，技术发展应立足创新能力。欧盟准则中的"人的能动性和监督能力"意味着人工智能系统应通过支持人的能动性和基本权利以实现公平社会，而不是减少、限制或错误地指导人类自治。不少人工智能企业都强调人工智能与人类之间的交互影响，相信人类认知和能力在未来的提升。

动，善时。原意为把握时机，对人工智能创业伦理的启示在于，永续成长应把握创业机会。欧盟准则中的"透明度（可追溯性）"意味着确保人工智能系统的可追溯性，这也反映了人工智能技术发展的流动性，实质正是孕育创业机会的不确定性。有人提出人工智能每隔 20 年左右便会遭遇一次寒冬，新的一次寒冬马上将至。而我国人工智能创业却正如火如荼，这些创业者没有将人工智能技术孤立起来，而是采用"AI+"的机会开发路径，让人工智能在与传统产业的融汇演化中实现技术和应用的迭代升级。

二、人工智能创业伦理的反思探索

需要反思的是，人工智能与创业伦理的交融并非一拍即合。印度科技巨头 Infosys 公司的一份报告显示，澳大利亚企业在"全球人工智能成熟度"中排名垫底，原因不仅在于技能的缺乏，更包括对伦理问题的考量影响了该国采用人工智能技术的水平。其中，几乎三分之二（63%）的澳大利亚企业受访者表示，伦理问题是他们部署人工智能计划的主要障碍；74% 的受访企业领导者认为，伦理考量使得人工智能技术不能最大限度地发挥其作用，这一比例也高于其他任何国家。

甚至有学者提出过分的伦理监督将干扰创新速度，正面意义很小。哈佛大学一位著名心理学家曾在《波士顿环球报》发表文章认为，生命和疾病是一对孪生兄弟，比如生物领域方面的伦理学规则导致研究被延迟可能会使得许多患者无辜丧命，因为这些治疗方法可能对他们有作用。可见，伦理对技术的疏堵，不是简单地控制开关阀门，而是一个复杂的系统工程。

2019 年 10 月，区块链被确定为中国核心技术自主创新的重要突破口，将和人工智能、大数据、物联网等前沿信息技术深度融合，这一最新动态也从侧面再次凸显了"人与术"整合在一起的治理架构，能够提高"作恶"门槛。

2020年5月8日，百度董事长兼CEO李彦宏在《人民日报》发表的署名文章《"新基建"加速智能经济到来》提到，因为人工智能降低了技术门槛，提升了治理效能，国内各地智慧城市建设正在加速推进。例如，重庆、长沙、保定等地利用"智能交通引擎"优化城市交通治理。与此同时，人工智能也让更多普通人深切体会到技术带来的便捷，有助于缩小数字鸿沟。

例如，陕西汉中扶贫办工作人员通过人工智能的深度学习技术，能够高效地从20万贫困家庭中准确识别出最急需帮助的2000个家庭。又比如位于北京大栅栏社区的独居老人，自从家里装上了电动窗帘滑轨、智能插座、智能灯等，通过与智能音箱互动，就可以开关电灯窗帘、调节空调温度。随着智能设备的普及，无论是儿童还是老人，未来都将能更为平等、便捷地享受人工智能带来的美好生活。

人工智能技术创新的创业浪潮，如何"利万物而不争，处众人之所恶"，仍有待学者继续观察、创业者持续探索。正如孔子对子贡的提醒，"君子见大水必观焉"，期待人工智能技术创新源泉充分涌流，从而更好地传递知识的价值以造福人类。

第八章　协同机制视角下的高校创新创业教育

第一节　创新创业教育协同机制的设计

一、设计原则及思路

（一）创新创业教育体系的设计原则

经济发展、综合国力增强、社会进步、国民素质提升都必须依赖于教育系统所提供的不竭动力。高校要通过调研掌握就业供给与需求的基本状况，以研究为导向，根据自身条件，整合所拥有的渠道和资源，结合不同理念，为创新创业教育的思路和方式选择合适的实践路径。

1. 与传统教育体系相融合

普通教育和职业教育是传统教育模式中最重要的两个部分。普通教育通常注重身体素质和心理素质的锻炼和培养，即德、智、体、美、劳等全面发展。职业教育则以所学专业为核心，加强对专业技能和素质的培养，以满足社会经济发展的要求。由于教育需求逐渐向多样化和专业化方向发展，普通教育和职业教育也随之细分，各有其不同的教育理念和模式，在教育体系中发挥着不同的功能和作用。在传统教育中，虽然会无意识地涉及关于创新创业教育的内容，并在一定程度上加以实践，但是传统教育中所涉及的创新创业教育处于零碎且不固定的状态。相比于传统的教育模式，创新创业教育增添了更加符合经济社会发展需求的内容，包括创业精神和创新能力。职业教育与传统教育的发展是相辅相成的。因此，在构建创新创业教育体系的过程中，要充分发挥普通教育和职业教育的基础性作用。普通教育为创新创业教育提供基本的发现问题的能力、知识储备以及创新创业所需的开拓进取、敢于担当的责任感，职业教育则为创新创业教育提供相关的专业技能和规范。创新创业教育的实践过程是循序渐进的，有着不同于普通教育和职业教育的教学模式和体系，能够满足学生多样化的教育需求。学校作为教育主体应整合不同资源和路径，以普通教育和职业教育为基础，扎实推进创新创业教育相关工作。①

2. 创新性与实践性相融合

社会的发展、国家的繁荣、民族的进步离不开创新创业教育的发展。当今世界，各国竞争激烈，谁具备创新精神，谁就能在竞争中占领先机。所以，敢于创新、积极进取的高素质人才就成为国家发展不可或缺的因素。相对于注重自由发展的自由型高校以及重视学术能力、聚焦学术研究领域的研究型高校，以社会服务为导向的高校则在建设创新创业教育体系的过程中，强化社会服务的理念，注重创新创业教育实践。在此基础上，以社会服务为导向的高校以创新创业为核心，配合学校在教学、管理、科研等领域的改革，对教育方式、人才培养进行革新。创新创业教育是面向全社会的，教育理念、教学模式、学习方法是重要的创新内容。学生能够在学习中获得开创性、多元化的思维能力，这是创新创业教育的目的。想要实现这个目标，需要整合多方面的渠道和资源，构建能够满足不同需求的创新创业教育体系。与传统教育模式相比，创新的思维方式，创业的行动能力，开拓进取、勇于担当的品质是创新创业教育的核心内容。探索创新创业教育模式是困难和艰巨的，因为它是对普通教育和职业教育的进一步深化。实践能力是在创新能力之外又一不可或缺的条件，是影响学生创新创业的关键因素。实践能力包括身体和心理两个方面，可以通过学校的教学活动和社会生产相结合的方式来培养。

3. 一致性与差异性相融合

培育具有创新思维和实践能力的专业型人才一直是高等教育的主要目标。创新教育是在创业教育的过程中实现的，不能将二者分离，要将创新教育和创业教育相融合，为学生构建创新创业教育机制，协同不同主体，重点培养学生的创新能力、创新思维、创新意识以及敢于开拓、主动承担的精神品质，这是高校创新创业教育的落脚点。因此，培养创新创业思维要始终落实在学生的培养过程中，这符合高校专业培养的要求，是培育人才的路径。学术研究是以研究为导向的高校关注的重点，但是不同高校受不

---

① 林梅. 校企合作与人才培养 [M]. 长春：吉林人民出版社，2019.

同因素影响，都会选择符合自身条件的发展方向，所以各个高校在创新创业教育机制的构建上不尽相同。首先，不同地域的高校有着不同的社会条件。高校在构建创新创业教育机制的过程中可利用的社会资源存在差异，这直接影响到高校对创新创业教育实践模式、教育方式的选择。其次，发展导向存在差异的高校在人才教育的目标定位上也是不同的。高校应充分了解不同专业的学生的需求，以专业类型为基础，针对性地对学生的创新创业教育制定个性化的教学内容和目标，照搬其他高校的教育模式是不可取的。

4. 主体性与互动性相融合

创新创业教育的目的是培养具有创新意识和创业精神的人才，所以在教学过程中要将主体性与互动性充分融合。老师和学生在创新创业教育中发挥着重要作用，在以研究为导向的高校中，师资力量充足，科研水平较高，老师既可以开展教学工作，也能推动高校科研水平的发展。通过教育让学生获得知识和技能，并将其运用到实践中以满足社会多样化的需求是高校培育学生的根本目标。因此，在教学过程中，老师要帮助学生制定符合自身条件的目标，注重培养学生的个人品质，让学生在学习过程中学到知识和技能的同时，又能感受到人文关怀。师生之间的互动在创新创业教育中发挥着重要作用。老师要避免单向的灌输式的教学模式，丰富教学内容，创新教学方式，在教学过程中重视与学生的沟通与互动，增强师生之间的了解。老师要及时掌握学生的反馈，通过多样的沟通渠道帮助学生提高发现问题、解决问题的能力，发掘学生的创新意识和创业精神。人们常常片面地认为，创新创业教育仅仅是为了培育新的企业开创者和提高就业率，对其更深层次的作用缺乏了解和认识。这种思想容易使创新创业教育成为成功者的宣传平台，在教育理念和模式上偏向功利化，与创新创业教育的初衷渐行渐远。

（二）创新创业教育体系的设计思路

创新创业教育机制的建立对高校来说是一项艰巨的任务，需要协调多方力量参与其中。与传统教学聚焦学科建设相比，创新创业教育在提高知识水平和技能的基础上，更强调学生与社会需求的匹配。所以，高校应整合多方资源，协调各方力量参与到教学过程中，构建创新创业教育机制，为学生提供细致全面的创新创业指导。高校创新创业教育将创新作为最根本的教育理念，这是与传统教育思路和模式最大的不同。创新创业教育机制的构建要根据社会和学生的需求制定新的培育标准和目标。高校应将创新意识和创业精神贯彻到教学活动中，并与学校的长期发展目标相结合。高校既要让学生学到基本的知识和技能，又要通过创新创业教育引导学生，培养他们发现问题、解决问题的能力，树立创新创业的思维和意识，以及敢于担当、勇于探索的个人品质，促进学生的全面发展。具体来说，高校可以建立合理的奖励制度，例如，针对学生的创新创业制定激励标准，对有创业意愿的学生提供政策上的支持。如果创业顺利，学校应给予肯定；如果创业遇到挫折或失败，学校应帮助学生发现问题并给予支持，通过合理的激励制度，帮助学生加深对创业精神的理解，使学生将创业作为步入社会的重要选择之一，让学生在知识储备、专业技能和心理素质上做好准备。

高校在创新创业教育机制的构建过程中，应将教育目标和理念作为出发点，在教育过程中始终加以贯彻，把创新创业的思维方式融入教师队伍的建设和学生的培育中。对学生进行知识储备、专业技能、心理素质和个人品质等方面的全面培养，将创新创业的理念和思维方式与人才培养机制相结合，在学生学习的过程中培养创新思维和创业精神。在具体课程内容的选择上，学校应将创新创业的理念融入其中，为学生创业提供扎实的专业技能，培养其形成良好的心理素质。在教学方式上，除传统的教学之外，还应注重对学生实践能力的培养，丰富实践课程内容。例如举办创新创业竞赛、建设创业基地等，让学生能够将自己的思考转化为实践，积极锻炼学生主动发现问题、解决问题的能力，将学生的创新意识和创业精神激发出来，为学生创业奠定基础。高校在构建创新创业教育体系的过程中，还应注意传统教育内容与前沿教育理念的结合，只有在传统教育的基础上吸收应用好新的教育理论，才能更加高效地构建创新创业教育体系，并真正发挥创新创业教育的作用。

综上所述，社会发展日新月异，对人才的需求也在不断变化。高校在开展创新创业教育时应在发挥传统教育模式优势的基础上顺应社会发展需求，重视教育的社会服务功能，协调和调动多元主体参与到创新创业教育中来，以学校为主体，整合多方资源，构建完善的创新创业教育机制。

二、校企教育协同

（一）校企协同人才培养的目标定位

1. 校企协同人才培养的宗旨

校企协同人才培养应满足区域和不同行业经济发展需求、培育符合社会要求的专业型人才，匹配高等教育改革和发展的要求，把学生作为教育的核心，培养专业技能。高校与企业建立多样的合作关系，包括技术研发、学术研究、人才培育以及社会服务等，将学校的教学资源和企业的社会资源相结合，推动校企协同发展，这是校企协同教育的基本目标。

2. 校企协同人才培养功能定位

高校身处教育改革的一线，应提高为经济发展服务和满足社会发展需求的能力。

对此，高校应充分整合资源和渠道，以区域经济为基础，构建完善的校企协同机制。处在市场竞争环境中的企业对人才的需求是多样的，高校要重视对学生创新创业教育的投入，为学生提供社会服务的平台，帮助学生更好地与社会需求相匹配。这样既能充分发挥人才对社会经济发展的推动作用，又能提高学校创新创业教育平台建设水平，促进学校综合实力的提升。

3. 校企协同制定人才培养目标

高校和企业作为校企协同创新创业的主体，都应参与人才培育目标的制定。企业要想获得符合自身长期发展需求的人才，需要将企业的长远发展目标与人才培育相结合，精准定位和培养人才。国际竞争日趋激烈，创新越来越成为提高综合国力的关键因素，国家和社会的发展对具备创新素质的人才需求增大。高校是培育人才的重要主体，应承担起培养创新型人才的责任，与企业协作制定符合社会经济和企业发展需求、能够提高实践能力的人才培养机制，共同构建创新创业人才培养平台。

（二）校企共建教学体系

培养目标的实现必须以完善的教学体系建设为基础。课程内容不能及时跟上社会经济发展的变化，在教学方式上缺乏与学生的沟通和互动，不能为学生提供充足的实践机会，不符合社会发展的实际要求，这些都是传统教育存在的问题。所以，学校和企业应在教学体系建设方面相互协作，共同制定符合学校和企业需求的教育体系。

1. 理论课程体系建设

在理论课程体系建设方面，专业课程和专业基础课程是国内高校专业课程最重要的两个部分。专业基础课程分为理论教学和理论实习、实践的教学环节，主要目的是提高学生的基本技能。专业类课程在设计中则应该注重培养学生的实践能力。高校的课程设计不应仅局限于本校，还要为学生提供多领域、跨专业以及其他学校的选修课程。社会经济各领域联系日趋紧密，每一个领域和专业都不可能独立发展，都需要加强和其他领域的联系与交流，以此来推动自身领域的发展。国家之间的交流与合作也是同样的道理，国家的发展也越来越需要具备综合素质能力的人才。所以，选修课程在设置上应注重多元化。学生通过基础课程的学习达到课程要求后，学校应引导学生选修对自己专业有帮助的跨领域跨学科课程。多学科课程的学习有利于提高学生的综合能力，为培养创新思维奠定基础。具体来说，文科学生选修符合自身发展需求的理工科课程，锻炼自身的实践能力；理工科学生选修适当的文科课程，增加社会科学的知识储备，提高自身的文学水平。除此之外，学校还要引导学生选修其他学校的课程，增加学生获取知识的渠道，也能提高各学校教育资源的利用效率。当今社会，各行各业都在不断发展变化中，高校要围绕社会发展需求开设相关课程，也要随时根据行业变化更新课程内容，以符合社会的发展要求。当前大部分高校与企业的沟通仅仅局限于管理人员层面，使得校企协同的主要参与者缺乏交流与沟通，造成学校对企业的需求了解不足，在课程制定上容易与企业的发展产生偏差。因此，学校与企业的沟通层面应下移，让双方能够清楚彼此的想法和需求，这样可以减少课程设置的误差。此外，学校要对所开设的课程的相关领域保持高度关注，时刻掌握行业动态，及时对课程方向进行调整，既让学生学到最前沿的行业知识，也积极满足社会发展的变化需求。

2. 实践课程体系建设

为了提高学生的实践能力和创造能力，学校与企业应积极协作，为学生提供能够把学习到的理论知识转化为实践的平台。从企业的角度来讲，让学生参与和企业发展相关的研究项目和课题，在学校教师和企业相关人员的指导下对项目或课题进行研究。在这个过程中，学生的专业技能能够得到快速提升。在与企业项目有关的课程设置上，学校应制定合理的学分标准，提高学生的参与积极性。此外，学校还要注重培养学生的实践能力，通过设置以社会服务为导向的课程，帮助学生与社会需求相匹配。

开设第三学期。通过设置第三学期的课程形式指导学生实习，让学生有机会将学到的理论知转化为实践。开设第三学期是在国内高校采用"3+1""3+2"教学方式的基础上开创的新的教学模式。第三学期的设置不影响第一、第二学期的课程计划，它是在前两个学期课程周数不受较大影响的基础上，将第一、第二学期的部分课时整合为第三学期。第三学期的课程有别于第一、第二学期，包括课程设计、综合实验以及专业实习等实践内容。学生通过第三学期的学习，能够将前两个学期所学的理论知识转化为实践，在实践中发现之前学习中存在的问题，并在接下来的学习过程中积极解决，发挥第三学期的过渡作用。由于经济社会发展需求变化较快，因此第三课程的设置也要不断更新，更要建立与第一、第二学期的教学联动机制。

规范的课程设置和充足的资金支持是第三学期正常开展的重要条件。第一，指导教师在第三学期的教学过程中发挥着重要作用。随着教师的教学时间和教学难度的增加，应合理增加教师的收入。第二，实践课程是第三学期的主要内容，学校的设备损耗也会相应增加。为了确保课程任务的顺利进行，学校应加大对设备维护的投入力度。第三，和学生学习生活相关的图书馆、专业教室、宿舍、食堂工作时间也要根据学生的课程活动进行合理规划。第四，学校对于学生在实习过程中的安全问题要做好全面、细致的管理。由于不同于第一、第二学期的教学模式，学校需要科学制定对第三学期的考评体系。每个学校都有各自不同的特点，因此第三学期的开设没有统一标准，学校应根据条件的不同制定符合自身发展的运行模式。

3. 实施双师型教学

加强高校与企业之间的人员交流是增进双方了解、提高合作水平的重要途径。针对部分学校和企业合作建立研究所，学校教师应在研究所的课题研究人员中占有一定比例，聘任的专家要对学校和企业有足够的了解，搭建教师、专家和企业人员沟通交流平台，发挥各方长处，提高工作效率。教师在研究所中能够接触到社会经济发展的前沿问题，可以将最新的知识教授给学生，拓宽课堂内容的来源渠道，让学生所学理论更好地与实践相结合。学生在对前沿问题的了解和学习的过程中，锻炼了发现问题、解决问题的能力。重要的是，学生的创新意识也大大增强。以大连理工大学为例，学校和企业通过人才协同培养机制建立研究院。学校派出骨干教师参与到研究院的研究工作中，并开展双师型教学，研究院聘任的专家进驻企业一个半月对其进行考察调研。通过这个过程，高校能够及时掌握相关领域的发展动态，推动高校科研工作持续发展，也能帮助企业提高经济效益。高校可以在派出骨干教师进驻企业的同时，聘请专家进校教授相关课程，通过双师型教学模式推动校企协同培养人才机制的建设。

（三）校企共同实施培养过程

1. 订单式培养

订单式培养是指高校和企业签订用人合同，以高校教学资源和企业社会资源为基础，双方共同参与人才培养计划的制订以及人才培养落实的过程，学生通过考核达到培养标准，企业按照合同规定安排学生就业的协作办学模式。订单式培养的最大优点在于高校、学生、企业之间的关系是平等的，三方都能在人才培养中发挥各自的主体作用。企业应把握好行业发展的方向，根据企业发展的需求确定培养标准和数量，以订单形式交由学校对学生进行培养管理。在培养人才过程中，学校和企业应加强沟通，把握企业和社会发展的需要，协同制订培养方案和目标。企业将行业最新的动向提供给高校，高校则以校企协同培养方案对学生进行定向培养，学生达到考核标准，毕业后由委培单位安排就业。"一班一单"和"一班多单"是订单式培养的两种形式。"一班一单"是指一个企业的职位需求都为同一个专业，而且企业对该职位的需求数量能够组建一个班级。而"一班多单"指的是企业缺少某一领域的专业人才，但是对该类人才的需求量不足以组建班级，为了提高人才培养的效率，多个企业共同下订单，高校则将职能相近的岗位整合在一起，培养学生的职业岗位能力，即一个班级与多个企业订单相对应。为了保证订单式人才培养的质量，学生可自愿报名，通过初审的学生组建班级，并在企业的实训基地接受培训，通过严格规范的考核提高学生专业技能，满足企业的需求，使学生的综合素质更好地与企业发展相匹配。学校和企业之间良好的互动交流是订单式人才培养顺利开展的重要条件。包括招生、专业设置、岗位要求、教学内容与企业生产经营相匹配等问题，这些都需要双方在确定订单前达成一致。企业应明确向学校传达其长期发展规划和需求，避免培养出现偏差，提高培养效率，降低培养成本。

2. 校企教育资源共享

校企协同的培养模式还在不断发展中，学校和企业应同心协力，探索构建校企沟通交流机制。双方应整合共享人才培养资源，提高人才培养的资源利用效率。企业竞争力的增强与高校科研水平的提升以及创新创业机制的构建都有赖于校企协同及教育资源的共享。实习平台由企业搭建，高校则给予企业技术研发支持，以人才协同培养机制为基础为企业输送专业人才，形成合作共赢的良性互动机制。整合高校的教育资源和企业的社会资源，为学生的培养提供优质资源，不仅有利于创新创业协同机制的建设，也有利于为社会发展提供所需人才。企业的创新能力、人才队伍的建设都能从校企教育资源共享中受益。

学校和企业共同建立实验室是资源共享的另一种形式。实验及实习所需的设备由企业提供，学校则提供教学设施和师资力量，通过资源的整合与共享，提高资源利用效率。将人才的培养和员工的培训相结合，协作共建实验室，能够实现校企的优势互补，降低培训成本。实验室的建设要以教学内容和学生能力为基础，建设满足多样化需求的实验室，包括基础实验平台、综合应用实验室以及创新研究实验室。基础实验室主要为大一新生设立，将课程教学与实验相结合，培养学生的基础实验技能。综合应用实验室则面向二年级以上的学生，通过创新型和开放型创新实验内容提升学生对知识的实践应用能力。创新研究实验室则为理论知识掌握牢固、实践能力出众的学生提供科研和创新实践的平台。创新研究实验室的实验环境和设备水平较高，在企业项目的加持下，有利于学生创新意识的培养。实验室及实践基地的硬件条件对学生的培训发挥着至关重要的作用，但是设备的维护与更新需要较大投入，仅仅依靠高校自身的力量难以满足教学发展的速度，进而导致人才培养达不到企业的要求。建立完善的实验、实践基地对于大多数高校来说还较为困难，但实训设备若跟不上教学内容的变化，会造成学生的实践能力与企业的需求不相匹配。因此，借助企业力量有利于减轻高校负担。具体来说，高校向企业提供技术服务和有偿服务，企业则给予高校实验设备资源，这对双方来说是互利共赢的。技术是企业发展的核心要素，高水平的员工培训既能够减少设备养护的成本，又能帮助企业提高生产效率，降低生产成本。所以，企业的设备维护与员工培训等问题通过与高校合作，用实训设备置换技术支持和员工培训能够得到有效解决。

3. 学校冠名企业

除了与企业合作的模式，高校还可以通过冠名企业的方式培养人才，这样有利于减少学生将理论知识转化为实践过程中的约束，提高学生的实践能力和创造能力。在挑选冠名企业的过程中，高校应注意企业的生产经营活动是否与学校的专业方向相符，企业的技术是否成熟，这些都会影响冠名后人才培养的成效。确定冠名企业后，高校应给予企业科研和资金支持，使其成为学校发展的一部分。准确合理定位冠名企业的地位是发挥校企协作、建立教学基地最大效用的前提。执行机构的确定也是高校冠名企业发挥作用的重要条件，可由企业、行业协会、劳动局、教育局、高校等选派代表组成培训委员会作为校企合作的执行机构。此外，制定合理的教学标准，在实训基地设置教学经理岗位，理论教师和实训教师的配备应与学生、实验设备的数量相匹配。理论教师和实训教师应注重沟通协作，加强双师型教师教育模式的建设。若学生人数充足，则需设置教学经理助手岗位。通过精细化的管理模式，积极推动校企实践基地的教学内容、标准与企业发展相适应。将企业真实的生产环境与教学环境相融合是高校冠名企业最重要的特点，充分发挥校企协同的优势。实践基地整合了高校和企业资源，为学生提供了真实的生产环境平台，也是构建创新创业教育校企协同机制的载体。实践基地既将教学内容带进了企业，也让学生在企业环境中得到了锻炼。企业通过实训工厂提高了生产效率，降低了生产成本；学校通过实训工厂为企业培养实用型人才，实现了教育目标。

（四）建立校企双方有效协同的机制

1. 建立校企协同的引导机制

高校和企业应共同参与到校企协同引导机制的构建中。校企协同工作委员会应首先要建立起来，成员包括企业、行业协会以及高校的管理人员。工作委员会的主要任务是审议培养模式、培养目标、师资队伍建设以及招生就业等问题；此外，还应随时掌握行业发展变化，及时对人才培养课程设置和校企协同发展方向作出科学调整。技术合作开发委员会也是校企协同引导机制的重要组成部分。该委员会主要由学校骨干教师和企业技术人员构成，主要职责是根据市场需求的变动，为企业生产升级换代提供科研支持以及将高校的理论成果应用到实际生产中。为了保证校企人员的研究方向始终符合社会发展需求，技术合作开发委员会还应承担起培训校企人员以及传达行业动态的职责。

2. 建立校企协同的管理与反馈机制

校企协同的管理机制包括统筹规划、相互协调、自主发展等内容，这些都需要以协同理论为基础。通过协同管理机制，有效加强校企的合作关系，提高资源的整合度，形成互惠互利的合作基础，充分提高校企资源的利用效率，保障人才质量符合企业生产经营需求。校企协同反馈机制的建立需要与管理机制相结合，管理过程中出现的问题要及时通过反馈机制向校企双方反映并予以解决，以维护协同机制的运转秩序。

（五）转变校企双方观念

1. 转变校企双方的传统观念

高校和企业对校企协同机制的看法存在差别，一些企业对校企协同漠不关心，而高校则对校企协同表现出积极的态度。造成这种差别的原因并不复杂。众所周知，获得更多的利润是企业始终追求的目标，但是由于企业对校企协同缺乏足够的认识和了解，认为高校是培育人才的主体，校企协同会增加企业的生产成本，不利于企业生产规模的扩大。在这种认识的影响下，一些企业不愿主动参加校企协同机制的构建。高校虽然态度积极，但是仍然受到固有观念的影响，认为传统课堂式教学是培养人才的最重要途径。受限于校企双方的传统观念，企业在机制构建中处于被动地位，高校的教学模式也缺乏创新。高校和企业虽然承担着不同的社会责任，但是从功能和作用上看，双方也有着良好的合作基础。高校为社会经济发展输送人才，企业作为经济活动的参与主体，直接受益于学校的人才培养；企业通过人才提高生产效率，获得更多的利润，为社会创造出更多的价值。由此可以看出，高校和企业都承担了服务社会的责任。因此，企业在生产经营活动中理应与高校协同培养人才。企业应认识到校企协同不仅能够培养人才，还能在高校的支持下获得科研支持。高校也要更新观念，依靠社会力量拓宽人才培养的渠道。在校企协同中，高校应依托科研资源为企业发展提供技术研发支持；企业将高校提供的理论转化为生产实践，也有利于高校科研水平的提高。高校为企业提供人才和技术支持，企业为高校提供设备支持，这样既能降低培养成本，又能提高学生的专业技能。所以，校企双方都应更新观念，积极参与校企教育协同机制的建设。

2. 融合校企文化

高校发展不仅要有良好的硬件条件，还需营造具有自身特点、被社会广泛认同的高校文化。高校文化越来越成为学校发展的核心推动力。优秀的高校文化不仅能够培养出优秀的人才，还能极大地提升学校综合实力。作为社会文化的一部分，企业文化与高校文化有着相同的文化属性，两者既存在联系，也有各自发展的独特性。企业是市场竞争的参与主体，所以企业文化建设服务于企业生产经营活动。优秀的企业文化能够影响员工的思想和行为，帮助员工解决工作中遇到的问题，为企业发展提供精神动力。高校文化和企业文化在内涵上存在联系，不少企业文化的内容都能从高校文化中找到相同的部分。企业的发展和行业的变化对高校文化的影响也十分明显，特别是与社会服务联系紧密的应用型专业和学科。随着社会竞争的日趋激烈，终身学习已经被人们普遍接受。学生在学校接受专业知识和技能的培训，进入企业后并不意味着学习生涯的结束，仍然需要学习掌握在企业环境中所必备的能力。因此，应将高校文化与企业文化相融合，让学生在校学习期间感受到企业文化，引导学生找到高校文化与企业文化的契合点，帮助学生在认同高校文化的基础上更好地接受企业文化，适应企业的竞争环境，提高自身的抗压能力，促进其从校园学生到企业人才的定位转换，锻炼学生的职业能力和社会适应能力。

（六）校企协同人才培养的评价标准

校企协同培养人才的评价包括三个方面，即知识、能力和素质。评价标准要科学合理，最重要的是要与人才发展的规律相适应。高校和企业应加强沟通协作，共同参与评价标准的制定。学生是人才培养的主体，高校和企业还应共同承担人才培养的评价责任。

1. 知识方面的评价标准

知识方面的评价包括基础知识和专业知识两个部分。首先，在基础知识上，学生要掌握本专业涉及的自然科学和经济管理类知识。其次，在专业知识方面，学生要具备良好的理论应用基础和工程实训基础，了解专业和行业的发展变化，熟练应用与专业相关的法律法规政策以及行业技术标准。

2. 能力方面的评价标准

能力方面的评价主要包括学习能力、发现并解决问题的能力、创新能力和实践能力。学习能力包含学习的方法与技巧，方法指的是获得知识的能力，技巧指的是对新知识的探究与应用能力。发现并解决问题的能力是以所学理论知识为基础，发现解决问题的方式和途径。创新能力是指具备创新思维以及研发新产品的科研能力。实践能力指将掌握的理论知识转化为生产实践，并在实践中发现问题、表述问题的能力。

3. 素质方面的评价标准

良好的职业道德素养使人对所在行业充满热情，敢为人先、吃苦耐劳，始终保持学习的态度，具备优秀的个人品质，敢于承担责任，善于沟通，能够与他人建立良好的合作关系，注重工作质量和安全，保持良好的职业习惯和态度，以上都是素质评价所应具备的标准。

三、"三课堂"时空协作构建

培育具备创新意识和创业精神的人才是高校推动创新创业教育最重要的意义。学生是创新创业教育的核心，是构建创新创业教育体系的主体。建立科学合理有效的创新创业教育体系，必须覆盖所有学生群体，以第一课堂为平台，教授学生创新创业的理论知识。在此基础上，在第二课堂加入实践化的教学内容，通过校企协同创建的实训基地，帮助学生将理论落实到应用与实践中，更加贴近真实的社会环境，提高学生综合能力，满足社会发展需求，构建"第一课堂、第二课堂、基地实践"（简称"三课堂"）创新创业教育体系。

创新创业教育体系的建立涉及不同领域和多元主体，需要各方协调合作，在理念内涵、理论构建以及实践模式的选择上合理规划，建立起教学内容科学规范、培养目标设置明确、评价标准合理有效、保障制度完善的"第一课堂、第二课堂、基地实践"创新创业教育体系。

（一）"三课堂"创新创业教育体系的基本目标

"第一课堂、第二课堂、基地实践"创新创业教育是一个综合性概念，它是在探究创新创业教育内涵的过程中形成的。以第一课堂、第二课堂和基地实践为基础，为所有学生提供结合专业、分类施教以及实践培训的创新创业教育平台是创新创业教育的基本目标。

（二）"三课堂"创新创业教育体系的内容构成

创新创业教育在"第一课堂、第二课堂、基地实践"的教学内容上是逐级深入的，第一课堂主要对学生进行创新创业的基础知识教育，第二课堂将实践活动融入课堂教学，基地实践则从课堂走向实训教学。具体概括为通识类教育、融入类教育、活动类教育、实践类教育和职业类教育，形成"三轨并行、五类教育、相互扶助"的行之有效的创新创业教育体系。

高校建立创新创业教育体系必须改革现有教育模式，在培养学生的过程中要始终注重学生综合素质的提高，改变传统灌输式的教学方式，引导学生树立问题意识，锻炼学生主动探究问题并解决问题的能力。在教授理论知识的同时鼓励学生将自己的想法应用于实践，并在实践中不断提升学生的综合能力。将理论知识与实践培训相结合，加强与学生的互动，给学生创造更加自由的实践环境，鼓励学生将自己的想法转化为行动方案并予以实施。整合教学资源和校外资源，增强学生的创新创业实践能力。教学内容要紧贴社会发展的方向，将最前沿的知识、理念和技术传授给学生，激发学生主动探究问题的意识，为学生创新创业奠定扎实的理论和实践基础。

1. 第一课堂课程化创新创业教育

创新创业教育的关键是课程体系的建设，课程包括"第一课堂、第二课堂、基地实践"。创新创业教育的原则包含三个方面：一是教育对象为全体学生，二是教学内容要与不同专业相匹配，三是培养目标要与人才培养模式、改革方向一致。创新创业教育包括通识型和融入型两种教育形式。在这当中，针对所有学生开展创新创业必修类课程教育和选修类课程教育是通识型创新创业教育的形式。具体来说，一是针对本专业学生开设的是必修类课程，设有固定的学分，可以实现对本专业学生有效的通识型创新创业教育；二是创新创业类选修类课程对本专业及其他专业学生开放，将专业课程中的创新性课程设置成为选修课的形式。创新创业类选修课在创新创业教育中发挥着重要的作用，是对必修类课程的补充与延伸。高校可以通过创新创业必修类课程和选修类课程这两个重要的工具，再结合传统的培养模式，根据学生的多样化需求，选择适合学生发展的课程形式和内容。

从学生的角度出发，尽力设计出与现实企业运行环境相一致的学习系统。在这样的学习系统之下，可以提高学生的创新、创造能力以及自主决策能力。这样不仅可以使学生学到更多的创业知识，而且可以更好地激发学生的创新创业意识。融入型创新创业教育需要满足社会和行业发展的多样化需求，面向各专业学生开展相应的创新创业教育，与不同学科和专业相结合，将创新创业教育的内容融入教学过程中，将学生创新精神和创业技能的培养需要与专业教育相结合进行。需要注意的是，创新创业教育并不是自成体系的，它与专业教育的结合是一个互补的过程，这个过程对创新创业教育和专业教育的发展来说具有十分重要的促进作用。二者是优势互补的关系，是可以相互交叉渗透的。因此，进行相关教育时要科学和辩证地处理好二者之间的关系，既不能过分进行创新创业教育而影响正常的专业知识传授，又不能使创新创业教育完全依附于专业教育，进而失去自身的主体地位。

在进行相关教育时应注意以下两点：一是可以对学生开展基于专业的创新思维训练，合理引导学生对相关知识点进行创新性想象和创新式解决。创新性思维训练可以有效地培养学生的创新思维，但这是建立在学生对专业知识充分掌握的基础之上的。二是分析本行业、专业创业前景以及具体实施过程，夯实创新创业教育的发展平台。这是建立在学生对专业知识进行创新性想象和创新式问题解决的基础之上的。

2. 第二课堂活动化创新创业教育

第二课堂活动化创新创业教育相对于第一课堂课程化创新创业教育而言，内容和表现形式更加丰富，且容易被学生接受。它指的是开展各式各样的主题活动对学生进行创新创业教育。它的原则主要包括三个方面：一是教育对象为全体学生，二是重视培育学生自身特色，三是活动与教育相结合。第二课堂创新创业活动按照项目内容包括三种类型，分别是普及型、项目型和竞赛型。进一步讲，普及型创新创业活动指的是在普通学生中开展各类普及性创新创业活动，通过活动的形式开展创新创业教育，包括创业沙龙、创业讲坛、科技制作与创意大赛、创业征集大赛、流动科技馆进校园活动赛等学校、社会和各类创新创业活动。服务机构是普及型创新创业活动成功举办和顺利开展的坚实依托。

项目型创新创业活动相对于普及型创新创业活动而言更为正式。针对部分学生开展项目化的创新创业活动是项目型创新创业活动的重要内容，通过相关活动来培养和锻炼学生的创新能力、协作能力以及决策能力等。大学生创新创业训练计划项目是项目型创新创业教育开展的载体。引导学生根据自身的特点参加符合自身发展需求的学术学科竞赛是竞赛型创新创业活动的主要目标。这些竞赛活动可以分为四个层次：一是国家学会主办的比赛，二是省级学会主办的比赛，三是重点专项学科竞赛，四是综合类比赛。竞赛型创新创业活动可以通过建立学院、学校、省级、国家级科技比赛平台大幅提升学生的创新创业能力，同时有效激发学生参与创新创业的热情。第二课堂创新创业活动发挥着至关重要的作用，它是第一课堂创新创业活动的有效延伸和课外补充，通过开展包括普及型、项目型和竞赛型在内的第二课堂创新创业活动，将有效推进创新创业教育。

3. 大学生创新创业基地实践教育

仅仅开展第一课堂课程化教育和第二课堂活动化教育是达不到对学生进行充分创新创业教育目标的，还需依托包括学生所在高校和社会各类创新创业服务机构在内的主体建设创新创业教育实践基地或平台，对有创新创业意识倾向或者是正在创业的目标大学生群体开展不同于传统教学方式的创新创业教育。与此同时，为提升学生的创新创业实战能力并促使新企业孵化、成活，须为大学生提供各类创新创业的咨询与服务。具体来说，实践型创新创业教育指的是依托创新创业培训班、挑选优质创新创业项目入驻实践基地等实践性创新创业教育活动，面向有创业可能性和意愿的学生开展创新创业教育活动，目的是通过教授目标群体开办企业所必备的知识和经验来提升其创业能力，避免创业失败。职业型创新创业教育指的是发挥学校创新创业职能部门的作用，整合学校对不同资源的有效利用，为创业初期的大学生提供包括场地、设备在内的硬件保障以及包括教育、咨询和服务等方面的软件保障，目的是提高大学生的创新创业能力，使其在走出校门之前就可以对创新创业有较为充分的了解。大力建设创新创业教育实践基地可提升目标群体的创业实战技能，帮助新企业健康成长。

创业教育的教学模式有以下几种：①课堂教学。课堂教学模式主要是传授给学生基本的理论知识，使其了解国内外的创新创业现状、创新创业应具备的基础知识以及创新创业等注意事项。②案例研究。现实生活中的创新创业案例是珍贵的教学素材，通过对这些素材的剖析可以提高学生发现问题、剖析问题和具体问题具体分析的能力，帮助学生培养和锻炼创新精神、创业能力、决策能力和执行能力，为学生的创新创业提供充足的案例保障。③混合讨论。混合讨论指的是邀请企业家、创业园区或孵化基地管理人员以及政府部门专家等共同进行创新创业讨论，是对案例研究的进一步深化和发展。各个主体的讨论可使学生了解创新创业的相关政策以及具体实施过程，让学生对创新创业进行全方位、多角度的认识和把握，进一步促进学生对创新创业方法、技能以及过程的吸收理解。④活动开展。对学生创新创业知识和技能考核的最有效途径是开展多样的创新创业活动。通过活动的开展，能够提高学生参与创新创业学习的意愿，增强学生创新创业素质和实践能力，培养学生的团队精神。在这当中，创新创业规划设计是创新创业教育最重要的活动之一。将学生在课堂上所学的创新创业知识和技能与实践相结合是创新创业规划设计的核心内容。它包括对人、财、物的规划，通过自身创造性的独立思考，提出自己的新设想，将自身的创新思维表现出来进而创造出新的事物。学生可以通过各类创新创业活动实现知识的经济社会价值，完成自身知识资本向物质资本的转化。采取评优与表彰制度是高校加强创新创业活动组织工作，激励大学生群体参与各类创新创业活动，让大学生在参与创新创业活动的过程中挖掘出自身潜在的创新创业潜能，进一步促进创新创业教育发展的一个长远策略。创新创业教育评优表彰制度的实施方式多种多样，评优与表彰既可以在课堂上进行，也可以在创业设计的比赛中进行。在课堂上进行评优与表彰实施起来相对较为简单方便、成本低，但并不影响大学生创新思维与理论知识更加紧密地结合；在创业设计的比赛中进行评优与表彰可以在某种程度上激发学生创新创业的激情和热情。⑤商业实战。商业实战指的是在创新创业导师的指导下，通过创新创业计划，充分利用现有的创新创业虚拟环境和实战训练系统进行创新创业模拟和实验设计。实战需要经过自己独立、创造性的思考而不是简单地模仿他人的创业计划。相对于普通的各类创新创业活动而言，商业实战可以使学生体验更加真实的全程创新创业操作实践。商业实战模拟系统主要由大学生自己来操作，这将大大开发学生的创新思维。商业实战模拟系统是将理论知识和创新创业知识连接起来的衔接器，是一个思维的聚焦仪，为大学生创新创业实践提供了全程性的指导和参考，强化学生对创新创业知识和技能的掌握，提高学生的创新创业综合能力。总之，商业实战是检验学生创新创业知识和技能的重要途径。

高校第一课堂以理论学习为主，第二课堂以业务技能学习为主，第三课堂以实践运用为主。在这当中，第一课堂教育即理论知识教学是按照人才培养规格精心设计，具有严密的体系和计划，需要不折不扣地完成教学大纲规定时间内的创新创业课堂教学内容。第一课堂的教学模式与传统课堂教学模式并无太大差异，只是第一课堂的教学在教学内容和方法上更加注重创新性和可操作性。而第二课堂、基地实践的教育则是传统教育体系所缺失的，也是较难实施的计划学时以外的与创新创业教育相关的一切实践活动，第二课堂、基地实践教育的实现需要充分利用实践平台作为支撑和载体。

（三）"三课堂"创新创业教育体系的评价方式

要想使"第一课堂、第二课堂、基地实践"创新创业教育体系能够合理有效地组织实施，充分发挥各自的优点和长处，切实提升学生的创新创业意识和能力，高校需要建立科学合理的创新创业教育评价体系。无规矩不成方圆，合理的创新创业教育评价体系可以有效规范创新创业的绩效评价和奖惩行为，而评价指标因素的筛选和确定是该评价体系建设的关键。建立该指标体系时，既要强调单项评价又要注重综合评价；不仅要创建与创新创业教育理念和原则相匹配的单项模块化评价标准，还要将评价标准融入整体绩效综合评价体系。

1. 单项评价

加强创新创业单项评价体系建设，创建与创新创业教育内容及特征相匹配的可操作的创新创业模块化评价体系是不断提高创新创业教育质量的关键。要根据创新创业人才培养目标、现实需求、学校自身的特点来研究制定创新创业教育效果的评估体系。创新创业模块化评价指标体系要涵盖学生、教师、二级学院三个维度，不仅要包括数量统计，还应包括质量评估。除此之外，还需与时俱进，根据时代和现实的要求积极改革过时或不合理的创新创业教育评价方式。在评价和考核过程中不能只重视结果考核而忽视过程考核，考核方式不能过于单一，可以考虑积极推动多样化的考核方式与网络考核相结合，提倡采用项目选择、案例剖析、软件开发等方式进行综合考量，努力实现全方位和全过程科学有效的考核。

2. 综合评价

仅仅对创新创业教育进行单项评价远达不到考核的标准和要求，应将创新创业教育作为综合考核的一部分纳入学校整体绩效考核评价体系。具体措施包括以下两个部分，一是创新创业教育应作为高校年度绩效考核体系的子模块之一，对于二级学院亦是如此。创新创业教育质量可视为判定学院人才培养质量和办学水平的参考标准，与此同时，高校需要对相关工作表现突出的院系予以一定程度的奖励。二是改进和完善本校二级学院的创新创业激励办法和措施。高校相关教师的创新创业教育业绩、成果和质量应该纳入津贴发放体系、教职工绩效考核和岗位聘任体系，甚至可以纳入高校职称评价体系。这样做的目的在于进一步提高教师进行创新创业教育、普及创新创业知识技能、带领学生开展创新创业活动的积极性。进一步加大相关教育质量评价力度，有助于高校全员重视并积极参与创新创业的良性局面的形成，旨在推动创新创业教育的进一步发展。

（四）"三课堂"创新创业教育体系的基本保障

创新创业教育不是封闭式教育，而是典型的开放式教育，仅仅依赖高校的力量远远不够，需要政府、高校和社会三方协调推进。只有建立起政府、高校和社会三位一体的、互帮互助、工作高效的创新创业教育运行体系，我国的创新创业教育才能得以飞速发展并取得长足的进步。因此，要搞好创新创业教育眼光不能狭窄，视野要开阔，实现政府、高校和社会三方协调推进。为此，需要做好协调工作，一方面促进校内各部门的协调，另一方面整合校内校外各方资源。

1. 校内协同

实施大学生创新创业教育，各高校是义不容辞的责任主体。校内协同的开展首先需要将创新创业教育作为学校发展目标之一；其次高校需要积极搭建创新创业教育实践平台，不断改善自身创新创业教育活动开展的硬件设施；最后，高校需要营造出浓厚的创新创业教育氛围，培养更多富有创新精神、掌握创新创业知识并积极投身实践的高质量的应用型创新创业人才。高校可结合本校发展的实际情况建设创新创业教育中心或成立专门的创新创业学院。

2. 社会协同

高校是孕育创新创业人才的摇篮和沃土，但是社会环境也会对创新创业起到潜移默化的作用。有利于大学生创新创业的社会大环境是非常重要的，因此需要积极推进政产学研合作，集聚相关要素与资源，搭建各级政府、高校、创客空间、孵化基地以及其他企事业单位等多方联合的创新创业平台，加大对创新创业教育支撑与服务体系的建设。这样可以实现资源整合、资源共享、信息交换和服务优化，为创新创业创造一个良好的局面，进一步促进有利于大学生创新创业环境的形成，以带动创新创业教育机制的完善和发展。

第二节　创新创业教育协同机制的运行

机制一词来源于希腊文，其内涵是指事物内在的规律与原理自发地对事物产生作用，它具有自发性、系统性及长效性等特征。在社会科学的领域中，机制是指在正视事物各部分存在的前提下，协调事物间的关系以更好地发挥作用的运行方式。近几十年来，机制一词被广泛地应用于竞争、合作及创新等机制中。将机制引入社会教育领域，便形成了教育机制，因此，教育机制可以指代教育现象中的各部分之间相互的关系及运行方式。按照不同的标准，可以将教育机制划分为多种类型，例如从功能角度考察教育现象间相互关系以及运行方式，包括保障与激励机制。而创新创业教育机制则可理解为创新创业教育现象各部分间的相互关系及运行方式。

其实，可将高校创新创业教育看作是一个系统，其中的政府、企业及高校等利益主体会根据其共同目标表现出协同意愿。为了获取教育增值及培养出较为出色的创业者，他们会调动一切资源配置，产生全方位的作用，从而实现协同效应。高校创新创业教育协同机制的运行若想取得理想状态，形成协同式发展，则必须考虑各方利益主体的诉求，在市场化发展的原则下，建立有效的运行机制，促进各方主体相互适应，达到系统增值的效果。

高校创新创业教育具有全新的育人思想及教育理念，它所涉及的领域几乎贯穿人才培养的全过程，因此不仅要兼顾理论与实践的综合教学，更要在教学方式上做到灵活多变。本书结合其他学者对于高校创新创业教育的运行机制分析，认为高校创新创业教育协同机制的运行，关键在于管理决策、激励动力和调控三大机制。

一、管理决策机制

高校创新创业教育是一种全新的教育类型，其实践过程并不成熟，需要根据运行实施的具体情况而定，并且要对运行过程中所涉及的各个方面进行不断完善与调整，因此其运行过程与其他较为成熟的教育相比，会面临更多的选择，相应地产生更多决策。为了保证创新创业教育的实施与推广始终围绕共同的总体目标，确保运行保障、育人内容等各方面始终适应实效育人这一标准，必须建立高效的创新创业管理决策机制，这是高校创新创业教育机制运行的核心与关键。

（一）管理决策主体关系分析

高校创新创业教育管理决策机制的主体包括高校创新创业教育工作领导机构以及创新创业教育专家委员会，前者多由高校的行政管理者构成，而后者多由创新创业教育研究以及教学专家构成。如何定位领导机构与专家委员会，以及如何分配高校创新创业教育工作领导机构与专家委员会的决策权力，都是管理决策机制构建的重点。

高校创新创业教育工作领导机构与创新创业教育专家委员会作为高校创新创业教育管理决策机制的两个主体，两者间的分工不同且相对独立。创新创业教育的发展方向由领导机构把控，负责对高校创新创业教育的总体规划，全方位把握着创业资源及经费等，其主要决策范围包括整体的规划发展、经费的投入使用以及资源的整合分配等；而专家委员会则是创新创业教育研究的整体管理者，不仅负责教学内容与方法的制定，还负责科研教学及师资培训等任务。总体而言，领导机构侧重于创新创业教育的发展规划与资源供给等宏观决策，而专家委员会则更侧重于创新创业教育的理论研究与课程培训等微观决策。

高校创新创业教育工作领导机构与创新创业教育专家委员会虽然分工有所侧重、职能相对独立，但是两者间更有着紧密联系与持续作用：领导机构为专家委员会确定教研与理论的研究方向，提供支持，而专家委员会根据高校创新创业教育的理论教学研究为领导机构提供策略建议；领导机构通过对高校创新创业教育的整体规划管理，会提高专家委员会的科研教学成效，而专家委员会则会通过研究方向的决策与教学课程的设计将领导机构的思路设想实现到位。要想确保高校创新创业教育工作领导机构的决策更具有效性、合理性及专业性，就离不开专家委员会的科学建议与理论支撑；同样，要想使得专家委员会找准正确的决策方向，也离不开领导机构的认同与支持。

高校创新创业教育决策过程中包含了党委行政与学术教学决策，明晰两个主体间各自的决策对象、范围、程序及权力边界可以促进高校创新创业教育管理决策机制的建立。要确保领导机构能够承担起全局把控者的职责，可以在整体规划与运行方向中提供正确的策略建议；同时，也要确保专家委员会能够在教学、学术等具体事务的整体规划中承担起建议咨询者的职责。在决策的过程中，以制度化的方式达到两个主体合理分工、协同推进的效果。

（二）管理决策机制的运行程序

高校创新创业教育管理决策机制必须具有规范的运行程序与步骤才能确保工作的高效性。领导机构与专家委员会作为高校创新创业教育管理决策机制的两个主体，其管理决策的运行程序也是构成管理决策机制的重要因素。

对于领导机构而言，其管理决策的运行程序应当是富有条理与逻辑性的。针对高校创新创业教育现有规划和资源分配等问题，领导机构首先应认真分析，从而明确其完善发展的目标。其次，领导机构至少提供一种决策方案，由民主程序确定最终方案，最后推动方案的实施。当然，在此过程中，领导机构需要根据具体运行的情况进行结果反馈，从而对决策方案进行评估，来确定是否继续执行该方案或是调整改进。在领导机构的管理决策运行过程中，专家委员会主要承担着调研及提供对策建议的工作，两者的相互配合才能促使运行达到高效的目的。

对于专家委员会而言，其管理决策运行首先是对高校创新创业教育实际运行实施过程中存在的问题进行分析，明确完善发展的目标；其次，在一定的科学研究理论基础上，至少提出一种决策方案，对于拟采用的决策方案由民主程序确定并向领导机构请示备案，最终推动决策方案的实施。当然，专家委员会也应根据实际决策运行的情况进行反馈评估，从而确定是否继续执行或是调整该方案。在专家委员会决策运行程序的各个环节，领导机构都可进行总体规划与方向的把控，并对专家委员会的决策范围进行管理调控，这便可以将学校对高校创新创业教育的整体规划精神在教学管理与学术研究的过程中贯彻到位、落到实处。

总体而言，加强高校创新创业教育工作领导机构的管理决策，在宏观上可以确保高校创新创业的教育内容与发展方向符合学生自由全面的发展需求，符合学校总体规划发展的需求，符合社会的高度需求；而加强专家委员会的管理决策则在微观层面更易形成合理的教学内容、方法与体系，从而确保高校创新创业教育的有效实施及科学发展。

（三）管理决策机制构建的基本原则

为了更好地服务创新创业教育的运行、实施与推广以及推动创新创业教育的科学发展，构建高校创新创业教育的管理决策机制是必不可少的举措。由于创新创业教育的实施运行与教育发展都有着明确的特定目标，因此两者间必然有着相适应的特定价值内涵。对于高校创新创业教育管理决策机制的构建来说，必须遵循特定的价值规律与基本原则。高校创新创业教育的宏观目标是：结合国家的政治、经济与文化的发展，联系中国特色社会主义教育实际情况与高校学生全面自由发展的需要，通过教育实践帮助学生了解创业过程、培养其创业意识及创业能力，这不仅可以让学生以正确的目标导向与价值取向了解认识参与到各个领域的创业中，并且将会更好地服务于中国特色社会主义教育事业的科学发展。而从微观层面角度考虑，其发展目标是树立正确的创新创业价值理念、明晰创业主体意识、完善创业能力结构以及提升创新创业的实践水平。高校创新创业教育管理决策的价值内涵应紧紧围绕这一宏观与微观相结合的目标体系。基于此，本书提出了构建高校创新创业教育的管理决策机制所应遵循的四项基本原则。

1. 把握中国特色社会主义的发展方向

高校创新创业教育的最终目标是培养能够从事服务于中国特色社会主义事业的先进创业者，因此创新创业教育的管理决策运行过程应当是正确的。在创新创业课程的内容与理论研究中，不仅要保障教学和理论研究成果，而且要使创新创业教育更好地适应服务中国特色社会主义事业的发展。

2. 明确面向学生群体的发展思路

创新创业教育应当适应国家社会发展的各个领域。创新创业教育不应仅仅局限于小众教育，受益于少量的精英学生，而是应当面向学生群体，开展普适性的科学教育，以树立创新创业意识，提升创业能力。

3. 遵循面向社会的实际导向

我国正处于经济转型发展阶段，经济社会的转型升级与发展需求要求创新创业教育的调整与改进，因此需要高标准、严要求地开展创新创业，以此来更加适应社会的转型升级。在高校创新创业教育管理决策的过程中，要注重理论与实践的紧密结合，将更多资金进行适度整合与调配，投入到实践性的教学任务与科研环节中，促使学生群体知行合一，真正推动社会转型升级，顺应时代发展的要求。

4. 坚定全面发展的育人目标

马克思主义的最高命题与根本价值是人的自由全面发展，这同时也是中国高等教育所追求的至高目标。对于创新创业教育来说，其综合性较强，可以从价值取向、理念运作及社会管理等多个层面锻炼和培养学生的综合能力。应坚定全面发展的育人目标，将其作为高校创新创业教育管理决策过程中的核心任务，只有这样才能实现学生的全面发展与创新创业教育改革发展的目标。

（四）改善管理决策机制的对策建议

1. 转变创业教育观念，树立正确的创新创业教育课程理念

高校的管理者要用前瞻性的眼光来设定创新创业课程的理念目标。创新创业的核心是培养学生的创新思维能力，为他们创造条件，使其认识到知识重组的力量。因此，高校既要培养适应目前就业发展需要的普通型应用人才，也要为国家未来的经济发展输送顶尖的创新型人才。明确创新创业教育的课程理念，立足于现实需求与长远发展角度，是开展创新创业教育的指导思想。

2. 加强创新创业学科建设，明确创新驱动发展的新要求

当今社会的发展战略对于我国高校创新创业教育的人才培养路径提出了新的要求。高校是大学生创新创业教育的核心阵地，担负着教学科研培训、创业资金支持以及人才培养的多项任务。因此，高校应当正确认识自身在创新创业教育协同机制中的地位，并在教育实践探索中表现出来。大学生创新创业教育工作的合理有效将在一定程度上影响我国的经济发展方向，因此，构建完善的协同机制对于高校大学生的创新创业教育来说具有重要的指导意义。首先，要转变教育观念，将创新创业教育贯穿在教育工作运行过程中，将理论与实践相结合，激发创业者的热情与积极性。其次，应当整合各方资源，在政府、企业及高校的保障体系下，实现理论与实践的高效衔接。在激发学生创新创业潜能的基础上，积极推动教学课程与科研规划的改革。再次，应当设立多层次的教研课程，引进高质量的师资队伍，鼓励师生积极参与到创新创业的实践活动中。在合理整合资源的过程中，既要鼓励学生参与创新创业竞赛，也应打造创业导师的科研系统，运用双向选择导师的制度，将创业项目与创业者进行合理匹配，最终使得创业者可以寻找到心仪的创业团队。最后，高校应当加强对创新创业教育理论与实践的深入研究，充实教育课程体系内容，设定多层次的目标，以吸引更多的学生参与进来。

3. 设计多样化的创新创业课程，开展循序渐进式的教育模式

在创新创业教育运行实施过程中，要正确认识创新创业教育的内涵，将其与专业教育相结合，在专业教育的教学中培养学生的自主创新意识，增强创新创业教育的实效性与互动性。创新创业教育的教材除了纸质课本外，还应包括课程的政策性资料及其他文件。根据这一特点，高校可以精编课程教材，丰富教学资源；同时，由于各高校的学习环境不同，教材也应具有灵活性的特点。由于宽口径培养条件下的课程教学课时有限，因此，高校可将相关性较强的实验操作安排在同一时间段内。这样既有利于拓宽知识渠道，也有利于最大限度地获取教育资源。同时，为了提高教学效率，可将操作技巧拍成视频，发送给更多的学生，以利于学生的自我预习及学习回顾，使课程得到最大化的利用。

4. 丰富课外创业活动，鼓励参与学生社团

学生社团是高校的自由活动主体。学生可利用社团将兴趣相投的校内外人士集结起来，形成良性的交流沟通氛围，迸发出创业激情和创意。

5. 构建专业的师资队伍，实施多样化的教学方式

高校可以引进校外的师资力量，也可以提供资金支持校内的师资团队走出去，学

习其他成功者的创业经验及教学方法。同时，采取灵活多样的教学方式，满足学生的实践需求，不断提高他们的创业能力与综合素质。

6. 充分利用校外资源

高校是一个开放性的系统，因此，在推动创新创业人才培养方面，可以联系各方外力相互作用，以促进目标的实现。如可以实行校企联合办学，达成合作意向，为大学生提供创新创业的实践机会，增强其创新意识和创业能力。

7. 完善教师激励机制

由于创新创业教育正处于新兴发展阶段，高校应完善激励机制，鼓励教师尽最大可能全身心地投入创新创业教育事业中，激发他们对创新创业事业的热情。

8. 规范创新创业教育主体活动，建立有效的监督机制

高校教学活动的正常运行离不开有效的监督机制。高校管理者承担着高校教学课程规划设计及管理教学人员的工作，以避免他们在工作中出现主观臆断的不端行为。高校教师承担着创新创业教育的传播工作，监督其工作有利于确保教学行为的规范性；高校的学生作为创新创业教育的接受者，应防止其在创新创业教育活动中误入歧途，给个人、家庭及社会带来负面效应。高校也应对监督者进行监督，从而营造民主、开放及自由的氛围，培养师生治理理念，做到人人参与高校建设。

二、激励动力机制

推动事物发展的作用力称为动力，故高校创新创业教育动力可以称作推动高校创新创业教育发展的作用力。在我国，高校开展的创新创业教育多为政府驱动，但是在教学环节的设置及企业参与的内在利益诉求方面，市场也发挥着重要作用。因此，高校创新创业教育既源于政府的驱动，更需要市场导向作用的发挥。

高校在创新创业教育系统中的作用尤为重要，因为它具有显著的教学科研资源及人才优势，不仅传授学生知识，更承担着全面育人的责任。高校可以培养学生的思想品行，帮助学生树立责任与担当意识，同时还能够提升其分析解决问题与创新创业的能力，而这些都是学生适应社会需求所必备的综合素质。高校创新创业教育的动力既有来自内部的，也有来自外部的。因此，我们可以将高校创新创业教育激励动力机制看作是推动高校创新创业教育良性运行与实施推广的各内外要素间相互联系与作用的互动机制。

从宏观角度考虑，高校的内生动力是追求自由全面的育人理念；而外生动力则是政府对于经济转型升级的需求及创新创业机会的识别，政府可以将有效的政治、经济

资源合理地调配到高校创新创业教育领域，从而推动理论教学及科研实践的发展。从微观角度考虑，就教师和学生的内生动力而言，教师参与到创新创业领域中，既是职业发展的需要，也是对理想事业的追求；而学生参与创新创业教育既是对自我未来职业生涯的规划，也是对自身全面发展的追求。就教师和学生的外生动力而言，政府和社会作为高等教育的外部推动力，可以使参与到创新创业教育领域的师生获取充分的资源与成就感。内外动力的作用与性质虽然不同，但是两者相互影响、互为支持，对高校创新创业教育的发展与价值取向有着共同的决定作用。

（一）激励动力机制的运作机制

从宏观角度来说，高校创新创业教育在外部受到政府与社会机构的共同作用。政府由于社会转型升级及经济持续发展的迫切要求会进行全面改革，在这种背景下，政府会对创新创业教育的研究与培养提出更高的要求，需要通过资源调配供给以及适当的政策引导推进高校创新创业教育的发展。对于社会机构来说，新兴领域及亟待转型的成熟领域为其提供了充足的创业机会，在社会责任及自身经济利益的驱动力下，社会机构会更加富有创业意愿，对人才的需求也就越发强烈，这便加强了社会机构与高校教育领域的合作意愿。在这种合作方式下，一方面可以通过资源的供给推动高校开展创新创业教育工作，另一方面可以通过旺盛的人才招聘需求调整高校的育人导向，可谓一举两得。高校创新创业领域中全面自由发展的教育理念得到广泛的认同，高校将培养全面发展及提升综合素质的社会主义接班人作为育人的至高目标，而创新创业教育是以学生的全面自由发展为核心任务的教育，有助于提升学生在价值重塑、人际关系等方面的能力，推动高校创新创业教育的实施发展。

从微观角度来看，高校创新创业教育的运行实施离不开教师与学生，因此分析教师与学生参与创新创业教育的内外生动力对于研究高校创新创业教育激励动力机制有着至关重要的作用。教师是创新创业教育的传授者，高校对于其工作量的约束及工作表现的激励举措都将会影响其从事创新创业的教学研究工作成效。就教师自身角度而言，他们对于创新创业教育的理论教授兴趣及目标认同都将由内而外地促进创新创业教育的研究。同时，良好的校园文化氛围对于提升创新创业的认识与兴趣都有一定的促进作用。对于学生而言，他们作为创新创业的受教育者，基于高校的学分约束与激励举措，足以推动他们参与创新创业活动；同时，他们自身的兴趣及周围群体的良好影响也将促使他们提升对创新创业教育课程的接受训练与感知认同程度。高校创新创业教育微观层面的两个重要主体之间互为动力支持：学生的创新创业需求将推动教师的教学研究，而教师的科研理论研究也会影响着学生积极参与创新创业教育课程的训练，两者互为支持，共同促进高校创新创业教育的运行发展。

高校创新创业教育的有效推动离不开激励机制的作用，它可以激发教师的创新创业教学科研热情与积极性，鼓励学生创新创业。为了提升教师的教学科研积极性，高校可以将创新创业教学的实践指导考核指标纳入绩效考评之中，将考核结果与教师职称晋升评定联系在一起；同时，对指导学生开展创新创业实践项目活动取得一定成绩的导师进行奖励，调动其教学积极性。高校应注重对学生开展创新创业活动的激励，有关部门应当优化政策，建立良性的自主创业政策环境。高校可推行弹性学分制，让学生可以在较大弹性的学业时间内安排学习与创业项目活动，实现学工交替，分阶段完成课程学业；同时，要调动学生创新创业的主观能动性，给予其自主发展的机会，对于那些在创新创业竞赛中获奖的学生进行一定的奖励补贴。

对于高校而言，传统的考核方式已经无法适应创新创业教育的发展。传统的笔试考试是为了考查学生的记忆、辨析能力，并不能对其创新意识与能力进行完整的评价。这就需要建立以素质为导向的考核激励机制。首先，可以对学生的创新创业项目参与度与贡献度进行评定，运用综合答辩的考核方式进行综合评议；其次，可以将创新创业项目的阶段性成果作为考核标准，这既对学生的综合素质提出了更高的要求，也体现了创新创业项目的特色目标。高校可以设置创新创业教育基金，对表现突出的学生给予奖励。同时，可以将学生参与的课题研究、科研项目实验及创新创业项目等给予相应的学分。高校与学生的协同一方面要求高校统一领导、开放融合及全员参与；另一方面要将创新创业教育的改革推进放在教育发展的突出位置，落实主体责任，成立工作领导小组，由校长担任组长，主管副校长担任副组长。同时，高校应呼吁全体师生积极参与到创新创业项目中，加强各主体间对创新创业教育的沟通交流，形成浓厚的创业氛围。另外，各高校应积极响应国家的号召，组织和培养学生参与创新创业竞赛，鼓励知名企业家进入校园分享创业经验。高校在推进创新创业教育过程中，应建立完备的激励机制，与国家政策导向保持一致；同时要遵循企业的人才需求目标，培养社会所需的高质量人才。

政策激励的协同是激励动力机制中的一部分，它注重创新创业政策的可操作性及各政策间的关联性作用。近年来，中央及地方政府出台了许多关于支持高校创新创业教育的文件，调动各方积极性，推动高校创新创业教育的发展。同时，各级政府部门应当通过构建经济、教育及文化等多部门协同的工作机制，对现有的政策进行梳理总结，做到信息的及时反馈，为保障创新创业教育的有效进行提供强有力的政策支持。高校应出台相应的协同政策，如构建激励机制，加强创新创业师资队伍的建设，组织参与创新创业竞赛；鼓励师生协作创业，将校内校外的创新创业资源进行整合，为创新创业教育工作的开展提供支持。创新创业政策在高校毕业生的创新创业指导服务中具有重要的激励引导与制度保障功能。政策激励的协同包含了不同主体间的政策协同，通过协同可以充分保障政策的效用。另外，政府在制定政策时应充分考虑高校毕业生与其他社会群体间的创业行为差异，有针对性地为其提供指导建议。

企业在激励机制的作用下，会根据自身需求融入高校的创新创业活动中。它将利用自身的技术、资金及渠道参与高校人才方案的制订中，为学生举办创新创业分享交流会，为即将进行创业的大学生进行思想上的宣传引导，以确保创新创业教育能够朝着合理科学的方向发展。企业或许还能为热爱创业的学生提供岗位实习的机会，从而为其创新创业打下坚实的基础，也为其创业梦想的实现提供更多的动力支持。

（二）激励动力机制构建的基本原则

高校创新创业教育的动力来源是多元化的，受到多方的综合影响，因此，在构建激励动力机制时应遵循一定的原则，确保各方管理决策主体可以相互配合、方向一致，将高校创新创业教育的力量发挥到极致。现从高校创新创业教育的内涵及要素特点入手，提出高校创新创业激励动力机制构建的三个基本原则。

1. 维护各方动力的动态平衡

这其中包含了两个层面：一是各方对于推动创新创业教育程度的相互适应，二是推动的方向要一致。因为推动高校创新创业教育的动力会有强弱，若要从高校创新创业的最优角度出发，并非越强越有效果。在宏观方面，如果政府对于创新创业教育的动力大于高校，其社会经济发展的作用会被盲目夸大，而政府会利用资源渠道与行政压力使高校改变原有的教育规划，同时也会影响其他教学课程的进行；当政府对高校创新创业教育的动力远小于高校时，其经济作用将会被低估，政府和社会对于创新创业教育的关注度会递减，高校在资源方面也将面临困境。在微观方面，倘若高校师生的内外动力发展不匹配，则会造成动力失衡，对创新创业教育的运行实施造成困扰。从第二层面来看，如果仅是各方动力强弱相适应但是发展方向不一致甚至相反，那么将会阻碍创新创业教育的实施运行。就宏观角度而言，若政府和社会机构过分强调实践性的创新创业教学，而高校更为注重理论性的教学，两者对于发展导向的不一致将会使得高校的实际资源无法得到合理配置，社会也无法获取高素质的人才。从微观角度考虑，若高校注重教学水平与质量的提升，而教师注重理论教学科研水平的提高，那么，创新创业教育水平的质量与理论研究水平都无法得到可靠的保障。若高校只注重激发创新创业的理念认同，而学生只注重自身综合素质的培养及创业能力的提升，高校提供的课程训练将不能满足学生需求，会导致教学资源的配合失衡，收效甚微。总而言之，遵循高校创新创业教育的发展规律，走科学发展的道路是维持创新创业教育过程中各方动力动态平衡的重要保障。无论是宏观角度还是微观角度，师生、高校及政府都应形成一种良性协调的关系，纵使各方主体的出发点、关注点有所不同，但是只要确保各方能够在推动创新创业教育的力量与方向上适度并保持一致，便可达到一种动态平衡的理想状态。

2. 协调各方动力间的培育转化

高校创新创业教育的运行离不开各方的共同努力。从宏观角度来说，培养学生全面发展的路径有很多，但是若想使得以政府转型升级为导向的动力融入高校创新创业教育中，就必须进行政策引导与资源的合理配置。而从微观角度来说，针对学生自身综合素质的提升和能力开发的方式有很多，若要使得高校推动创新创业教育的动力通过特定途径转化为学生自身的动力因素，则必须开发培育出合适的动力载体，这种动力载体既有显性的，也有隐性的。对于高校创新创业教育来说，显性的动力载体有政府的鼓励政策、高校的奖惩规定及政府与社会机构提供的经费物质支持等，隐性的动力载体包括大众对创新创业行为的认同与尊重以及鼓励学生参与创新创业的校内文化活动等。要注重各方动力有层次地与各层面主体参与到创新创业教育工作中，对其动力进行合理引导、强化与推进，可使高校创新创业教育的运行实施达到最优状态。

3. 防止各方动力的异化发展

高校创新创业教育的动力一旦调控不准确，或者力度与方向把控不稳定，极易产生异化现象。动力异化主要表现在教育的工具化与应试化方面。政府及社会机构在推动创新创业教育的过程中，如果将其看作是社会转型升级与创业机会的工具，过度强调短期成果而忽略教育自身的价值规律，这便是工具化的体现。高校在这种错误理念的引导下，会局限地关注学生的理论支持培养而忽略创新理念的迸发，同时违背全面自由的育人观念。而应试化则是高校通过考试的传统方式对学生参与创新创业活动情况进行局限考核，无法真正体现学生的真实创业认知和综合素质，同时在一定程度上会打击学生的积极性与主动性。因此，高校在坚定创新创业教育发展目标时，要始终牢记全面自由育人的教育理念，在此基础上形成各具特色的课程教学与科研培养方式；高校还可结合各方动力主体的建议策略，深入沟通交流，深刻认识创新创业教育的发展规律及本质特点。

（三）激励动力机制的完善策略

在高校创新创业教育协同机制的运行过程中，其决策主体方可以制定科学合理的管理规划、明确自身的工作任务，以此确保各参与主体方可以共同协作，拥有高度统一的思想意识与发展目标，从整体利益最大化的角度出发，发挥最大效能。同时，还应制定相应的行为规范与工作流程，要求各方严格按照规章开展推行工作，确保在所制定的标准体系内高效率地完成工作。最后，还应制定奖励机制，此机制应以协作参与、信息透明共享作为行动准则，以此更好地协调各方代表高效完成项目决策，增加彼此之间的沟通、交流与了解，培养各方代表间的合作默契能力，确保运行过程的公平、公正与公开。通过激励机制可以有效地促进各方的竞争协同意识，提高高校创新创业教育机制整体的协同效率。

1. 完善利益分配

提升高校创新创业教育协同作用的关键在于完善利益分配制度，激励企业及行业组织参与高校创新创业教育。首先，高校应当设立创新创业教育专项资金，提升教学设施建设水平，用于支持校企协调培养机制。其次，高校还应对协同培养的企业及导师付出的指导工作进行激励补偿，以提高参与兴趣与积极性。再次，高校要优化校企合作教育指导教师的考评标准，切实有效地对其教学质量与工作量进行评价，建立高效的晋升机制，以此激励指导教师对学生创新创业能力培养的重视。最后，在分配利益时，要明确高校、企业等主体间的责任，建立健全责任追究机制，以此推动高校创新创业教育的协同发展。

2. 完善"政、企、校"联手机制

高校创新创业教育激励动力机制的高效运行离不开政府、企业及高校等的共同努力。营造良好的创业环境需要国家和政府在资金与政策方面给予全方位的支持与扶持。政府在高校创新创业教育协同机制中发挥着主导作用，可以从以下方面完善高校创新创业教育激励动力机制。

（1）从国家层面角度制定高校各项创新创业协同运行的新政策。

政府可以积极引导企业和高校参与到创新创业教育活动中，制定多维协同的创新创业教育模式的激励制度。在多维协同创新创业教育的运行过程中，高校是实现创新路径的主体，而政府则是创新制度的主体。制度的创新可以推动路径的创新，政府作为资源的调配者，应制定有利于学生创新创业发展的激励政策，提供一定的资金保障，以此减少创业风险。例如，政府可以制定多维协同的育人制度，促进人才培养体系的建立；也可以设计规划创新创业课程，调动各方主体参与创新创业的积极性。同时，政府还应重视通过管理及资源配置等手段，积极协调处理好高校、企业和政府三方主体间的关系，促使创新创业教育协同的顺利进行。

建立健全创新创业的法律法规，鼓励高校毕业生自主创业。政府可以鼓励高校举办创业竞赛，为学生提供沟通交流的平台，为一些优秀的创业项目提供资金支持，以优化创业环境。政府可以设立创新创业项目资金。创新创业离不开资金的支持，因此政府应设创业基金，利用财力、技术等资源优势助力高校人才的创业培养，拓宽创业渠道，扶持高校毕业生创新创业企业的健康成长。从国家层面角度考虑，要重点对学生创业项目进行扶持，设立创新创业专项基金作为创业活动的启动资金，同时也可设置学生创业培训资金补贴。

加大对创新创业知识产权的保护力度，保障创业学生群体的合法权益。在创新创业的实践活动中，学生的创业成果容易被低估忽视，在发生产权纠纷时，学生往往处于弱势地位，权利受到损害，所以对高校创新创业法治环境进行优化迫在眉睫。

（2）从企业层面，派遣企业导师加入高校创新创业教育行列，加强校企合作。

企业可以让本企业优秀人才，以导师身份进入高校为创新创业的学生提供指导性意见，将产业部门的人才需求反馈到教学科研的规划中，有针对性地对高校创新创业人才进行培养。高校应当积极与企业合作，完善校企协同人才培养的模式。在前期产学研结合的基础上，推进全面协同育人工作，将服务于经济社会发展作为人才培养的目标方向。同时，校企联合培养的创新创业人才可以充分利用高校与企业的教学资源与环境，发挥各方优势，加强高校与社会政府间的沟通联系，激发产学研合作教育的主体动力机制。而市场需求及产学研产生的收益更是企业与高校合作的最直接外部动力。创新创业与产学研合作会给企业带来相应收益，刺激了企业与高校合作的意愿，进而增加了合作经费、人力及物力成本的投入。通过产学研合作教育可以培养具有实践能力的高素质创业人才，科学有效的教学课程规划也促进了高质量师资队伍的产生。在产学研的合作教育下，师生们都得到了宝贵的实践机会与经验。

（3）对于高校而言，可以从以下方面完善高校创新创业教育激励动力机制。

①健全创新创业教育课程体系，使课程更加体系化与系统化。高校学生的创业素质与意识的培养离不开创新创业课程的指导。为了解决创新创业教育超越专业教育界限这一问题，高校要对教学理念进行调整改革，注重基础性的教育培养，将创新创业教育的基础性教育与学科专业教育紧密联系起来。高校要积极开展教学科研实践研究活动，明确教学进度与步骤，通过创业导师的经验传授，让有创新创业意愿的学生能够增强自身创业的决心与信念。同时，可以为学生创造良好的创新创业环境，激发学生的创业潜能，产生一定的创业动机，进而投入到创新创业的实践活动中。

②将创新创业教育纳入人才培养计划中。构建创新创业的人才培养机制是一项系统而又复杂的工作，需要政府、企业多方协同配合。合理高效的创新创业人才培养机制不仅有利于大学生创业知识及技能的提高，而且有助于创新创业教育的深化发展，更有利于提升大学生创业的核心竞争力，为国家发展提供人力与智力资源支持。

③构建科学合理的组织机构。构建科学合理的组织机构是高校创新创业教育的组织保障。该组织机构应遵循全面覆盖、统一指挥的原则。校级组织机构应当设置高校创新创业调控中心，统筹创新创业教育的指挥工作，同时负责全校创新创业师资力量的培训、分配与调度，实现各方主体间的合理有效沟通；在二级学院设立创新创业办公室，作为师生与高校间的联络中转站，在其下属机构设立创新创业发展中心及实践部，加强专业实验室与训练中心的设施建设，通过多形式的教学活动激发学生的创业激情。

④培养高质量的创新创业师资队伍。创新创业教育的推广与过硬的师资队伍建设密不可分。创新创业课程应当作为一种指导服务，为行动提供导向。高质量的师资队伍建设需要引进创新创业教育方面的人才，加强师资队伍的创新能力培训。如在条件

成熟的情况下聘请校外创新创业教育专家开设教学课程，构建一支专职与兼职相结合的高质量创新创业师资队伍。对于高校学生而言，应当转变就业观念，为创业做好充分准备。创业是一种自我价值的体现，是一种高质量的就业形式。同时，创业的过程充满未知与艰辛，有创业意向的学生应当具备较高的管理决策与人际交往能力，对自身拥有充分认识和科学评价，从而激发潜在的创业能力。

⑤进一步强化高校学科与产业发展协同机制。高校的学科建设与产业的协同发展不仅是学科和企业的对接，更是跨区域学科集合的对接联动。这种合作形式在一定程度上可以促进产业的转型升级，有利于提高高校集群服务水平。应重视发展实体型的产学研教育合作创新模式。产学研结合是企业与高校共同构建的联合创新实体，它是一种由松散到紧密发展的创新模式。高校通过此创新模式的合作途径，不仅可以充分利用智力资源，而且可以提高解决问题的能力，为科研创新开发团队提供强有力的载体。

三、调控机制

由于高校创新创业教育在运行的过程中有多个行为主体的参与，各行为主体会因自身利益、情感及认知的不同导致运行过程中的行为冲突，会阻碍高校创新创业教育的发展进程，产生难以解决的问题与矛盾。若要保证其正常运行实施，就必须进行合理调控。高校创新创业教育调控机制可以理解为其内外各要素通过制定目标、合理定位及发挥作用等调节化解运行过程中出现的矛盾问题的机制。运行情况的调查评估与协调完善是高校创新创业教育调控机制的核心任务。对运行状态进行合理评估可以确保及时发现运行中存在的问题，保证问题可以在第一时间内得到快速解决。

（一）调控机制的调查评估环节

科学调研高校创新创业教育运行情况及准确判断矛盾问题是创新创业教育运行工作调控的重要组成部分，而建立调控机制的重要前提便是明确科学合理的运行情况调查评估环节。构建调查评估环节，重点在于明确调查评估环节的主体、调查评估环节的对象及内容以及调查评估环节的途径及方式这三个问题。

在构建运行情况调查评估环节时，涉及的学校部门及实践教学活动较多，因此必须明确调查评估环节的主体，明晰责任，从根本上对高校领导机构的决策进行干预、指导和管理，为资源合理配置打下良好的基础。同时，为了提高化解矛盾问题的效率，应在工作领导机构和专家委员会两个决策主体内部分别设立运行调查评估的部门，这样不仅可以提高反馈效率，而且能够保证评估机构的权威性，有利于将两个决策主体的思想理念和价值导向贯彻到实际工作中去。同时，为了保证评估反馈信息的客观性，还可以引入第三方调查评估机构，作为对评估工作的一大补充。三方的工作性质在一定程度上较为相似，但是侧重点却各不相同：工作领导机构负责的调查部门主要是从创新创业教育的宏观层面着手，负责调查评估整体投资与资源调配的相关情况；专家委员会负责的评估则更侧重于微观角度，例如师生的建议策略及教学科研的设计运行等；第三方调查评估机构则侧重于创新创业教育的整体运行情况，使其达到高效理想的目标。

调查评估环节也可对学生的创业项目进行全面综合的评估。调查评估部门应从长远发展的角度看待学生创业方向的选择，对近年来创新创业领域的发展状况进行梳理，对目前存在的创业项目数量进行细致盘点。倘若发现某个领域已经出现饱和状态，就要用建设性的眼光对项目未来的发展趋势进行估测研究，评价其发展潜力。这些举措都可为有创新创业想法的学生提供有力的参考，确保他们创新创业项目不会随波逐流，失去独创价值。

完善的评价环节需要对主体进行定期的综合评价，以检验其工作态度，对各参与主体方起到监督促进的作用。评价环节的内容既包括了政府是否能够充分利用自身职能协调各方利益，推行政策的实施，也包含了企业是否可以为学生提供成熟的实践基地，以及中介机构是否为学生制定了完善的创业服务体系。

创新创业协同评价机制是调控机制的一个方面，有助于提高创新创业教育机制的运行效率。首先，高校在实践教学科研效果评价机制下建立的创新创业教学效果评价机制可以有效地评价校内师生，检验教学科研成效，并逐步完善专业实践教学的质量；其次，高校与企业可以协同推进创新创业教学评价，将教学质量与教学报酬、评优及职务晋升联系起来，以此激励教师重视创新创业教育的推行。

创新创业教育质量考核评估机制是调控机制的另一个方面，它可以对创新创业教育的实施水平与效果进行及时反馈，对教育活动作出价值评估，提高学生的创业技能与素质，对于优化创新创业教育以达到价值增值的目标具有推动作用。构建新型的考评机制有利于激发企业参与高校创新创业教育的积极性。一方面，是外部考评，政府部门将创新创业教育的质量作为教育水平质量的重要指标，同时要求第三方机构进行绩效评估，接受舆论监督；另一方面，是内部考评，协同双方应立足资源调配和项目执行等方面进行绩效评估，明确各方的权力职责，逐步健全跨界协同关系下创新创业教育体系的管理制度。科学有效的评估体系对于完善协同育人的运行过程及环境具有重要意义。协同育人的教学水平评估包含课堂与实践的教学评估。课堂教学评估可以从核心课程规划设计及多元教学方法展开，而实践教学包括校内和校外实践，可以表现在创新创业竞赛、实践活动及论坛的举办成效等方面。评价考核的内容要全面有效，不仅对创新创业教育活动的结果进行评估，还要对活动的过程进行细致监测。

我们可以将高校创新创业教育体系分为参与主体、育人载体、投入状况以及整体效果四个层面，然后从这四个层面研究调查该体系的运行情况。具体操作如下：通过访谈交流的形式了解师生对创新创业教育情况的个人态度；对教学课程的形式和内容进行不定期的监测，从而发现育人载体中所存在的不足之处；对于人力、物力以及财力资源的调配情况，要进行深刻的情况分析；了解参与创新创业培训的学生在综合素质与创业意愿上的能力提升情况是了解整体效果必不可少的因素，同时师资力量的增强也是工作成效的一大体现。总之，这四个层面对于建立高校创新创业调控机制具有举足轻重的作用。建立四位一体的多元评估体系对于调查评估环节也尤为重要，不仅可以及时获取评估运行的具体信息，而且可以为决策系统提供高效的反馈信息。

在调查评估环节中，若要了解参与主体的主观感受，则必须制定合理的访谈纲要。可以通过合理的访谈形式了解参与主体的意愿感受，对访谈信息进行整理总结。而在育人载体和投入状况层面，由于它们都是客观存在的，因此应当明确调查的标准，将具体的课程覆盖范围以及经费投入情况纳入评估体系中。在整体效果评估环节，可以针对不同的教学阶段对参与主体进行认知测量，从而获取所需的信息数据；在微观角度侧重于对个体现状的调查，而在宏观角度侧重于创新创业教育整体成效的评估。

在高校创新创业教育体系中，教育与创业主体的分离是导致创新创业教育问题不断发生的重要影响因素。若想化解这种矛盾，就必须从学生的立场角度来推进创新创业教育的改革进程，将师生间的单向传输转变为两者的双向互动，将二元分离的教学创业主体转变为多元主体的协同发展。应努力分析各方利益的诉求和特点，从创新创业教育属性的角度出发，打造利益发展共同体，尤其是由师生、高校与政府共同构成的创新创业教育发展共同体，最终实现多元主体的协同发展。在高校创新创业教育协同机制的运行过程中，政府应当为创新创业教育提供政策制度保障，负责政策的制定落实；而高校则应不断推进人才培养模式的升级，力求在课程教学体系与方式方面满足学生的个性化需求，为创新创业教育提供动力支持和机制保障。教师应当在创新创业教学中充分发挥学生的主观能动性，实现师生的共同发展与进步。学生应当树立正确的创新创业价值观，积极参与创新创业竞赛，从比赛中获取经验，提高自身的创业综合素质。企业则应当构建合作共享的利益机制，参与创新创业活动，充分发挥创新创业教育发展共同体的职能，化解各方矛盾。

（二）调控机制的协调完善环节

跨部门协作面临的首要问题便是各方利益的不平衡以及目标不一致，一旦部门间缺乏协作和沟通，将会影响整个创新创业教育的成效。因此，结合我国高校的实际情况，需要成立一个富有权威性的管理组织来对跨部门协作过程进行管理，其职能便是打破部门合作壁垒，加强部门间的交流沟通，最终实现行动的统一性。同时，高校领导及相关职能部门的加入，不但可以增强协同合作管理机构的权威性，而且有利于争取教育资源，更能使得领导机构与各部门院系间达成共识，促使工作的贯彻落实。

多部门间的工作交叉容易导致跨部门协作的效率低下且极易产生矛盾。为了消除合作障碍，一是要明确各部门在协作过程中的职责权限，可以利用协商性的工作文件与会议将分工制度化；二是可以明确职责主体的工作，加强职责权限难以划分的部门间的信息交流及拓宽信息反馈渠道，以此减少和化解工作矛盾。

科学合理的组织框架对于高校创新创业教育调控机制的协调完善具有推动作用。若想高校创新创业教育的跨部门协作达到可持续性，既要有规章制度的刚性需求，也要有文化交流的柔性保障。

从跨部门的刚性保障角度考虑，如果仅仅依靠部门间的口头协议和人际主观因素来协调完善部门间的关系，是难以持久下去的。因为这样的做法无法保证高校创新创业教育运行的稳定发展。只有制定各协作部门认同的规章制度，并以强有力的手段加以规范，才能确保协作的可靠性与持续性。高校创新创业教育跨部门协作需要强制力加以保障，因此首先应明确规范制定的机构。高校创新创业教育工作领导机构与专家委员会作为两大决策主体，可以根据相应的决策范围和侧重领域对协作制度进行制定。其次，要形成一致的制度目标体系。由于决策主体的不唯一性，在制度标准方面或许会产生矛盾与冲突，因此就必须在明确协作制度方案时充分了解双方意愿，加强沟通交流，形成一致的制度目标体系。最后，在充分了解和调研各职能部门及科研教学机构的基础上，建立制度执行的监督机制，通过预警等强有力的手段将协作制度落实到位。

从跨部门的柔性保障角度考虑，文化交流的构建应当以共同的价值取向和理论信念作为基础。不同部门间建立的理念共识应以相同的价值取向为联系，从整体利益最大化的角度出发，制定设计自身的行为目标。同时，可以构建更多的良性沟通平台和协同机制，拓宽交流沟通渠道，创造更多的常态化对话机会，做到资源共享、信息互助，营造一种良性和谐的文化合作氛围，以此培养部门间的默契。在此过程中，还应加强各部门间的合作意识，建立长期有效的信任感。这有助于构建协同文化生态，满足共同的价值理念与目标追求。通过部门协同的交流互助，可以提高向心力与凝聚力，对于高校创新创业教育的未来发展具有重要意义。

第三节　创新创业教育协同机制的保障

完善的高校创新创业教育协同机制保障体系能够保证创新创业教学活动的顺利开展。不同于其他形式的教育，创新创业教育是一种崭新的教育形式，实施起来比较复杂，需要建立一套成熟的保障体系。高校创新创业教育协同机制能不能顺利开展，必须聚焦三个关键点：第一是教学者，要组建高水平的教育队伍；第二是教学质量管理，要保证优质的教学质量；第三是制度环境，要创造良好的教育环境。结合高校创新创业教育协同机制的这三个关键点，本书认为创新创业教育协同机制保障体系应包含三个部分：一是教育队伍保障体系，二是质量管理保障体系，三是制度环境保障体系。本节将围绕这三个部分对创新创业教育协同机制保障体系展开透彻研究。

一、教育队伍保障体系

教师是创新创业教育知识的传播者和实施者，学生创新创业理论知识的习得和实践训练离不开专业教师的指导，因此，组建完备的教育队伍保障体系是成功运作创新创业教育协同机制的保证。优秀的创新创业型教学队伍是高校创新创业教育的重要力量，促进优秀教师队伍建设是创新创业教育协同机制得以运行的根本保证。教育队伍建设是开展创新创业教育的关键所在，高质量、优秀的创业型教师队伍，对转变教育观念和形式，提高高校学生创新创业能力，发挥着举足轻重的作用。开展创新创业教育需要一批专业化的教师队伍，需要组建一支钻研创新创业教学、具有足够经验或兼具经验和科研的教育团队。

创新创业教育在教育队伍方面主要有两方面特征：一方面，创新创业教育开展较晚，在初期推行过程中会出现教师缺乏的情况；另一方面，创新创业教育必须理论联系实际，因此需要既有理论知识又有丰富创业经验的教师。鉴于这两个特征，本书认为创新创业教育队伍保障体系建设应该包括两方面的内容：一是组建一支结构科学合理的专兼职师资队伍，二是加强创新创业教育师资建设。

（一）组建一支结构科学合理的专兼职师资队伍

高水平、高质量的教育团队是顺利开展创新创业教育的关键点，推动优秀的创新创业教育团队建设是发展创新创业教育的前提。新时代教师必须满足创新创业教育新的要求，参与教学的教师必须具备一定程度的创新创业理论和能力。通常情况下，专职教师的数量是依据专业需求确定的；另外，还应聘请企业里有丰富创业实践经验并兼有理论知识的专家作为兼职教师；并邀请成功的创业者来学校开展创业讲座。所以，为了推动创新创业教育的发展，要招聘高质量的创新创业教育人才，组建一支与时俱进的专兼职创新创业教育教师团队。专职教师主要包括本校专门研究创新创业或与其密切相关的教师，兼职教师主要包括其他学校的创新创业专职教师以及有创业经验的企业职员和政府职员等。专职教师和兼职教师中其他学校的专职教师主要承担创新创业理论教育方面的职责，兼职教师中有创业经验的企业职员和政府职员主要承担创新创业实践教育方面的事务。高校可以和一些国内外企业建立合作联系，合作企业提供一些先进的创业理念和实践项目，采用企业职员讲课、开展讲座、指导实践等形式，培养大学生的创新创业思维，提升大学生的创新创业热情，推动创新创业教育的发展。

1. 专职教师队伍建设

高校需要一支师资队伍对创新创业教育教学理论进行深入研究，以探究高校开展创新创业教育的现状、问题以及解决对策，探究大学创新创业教育的进展规律和趋势，为高校创新创业教育变革、进展和实施提出科学、权威、有效的理论依据。该队伍需要分析目前的就业形势和创新创业形势，探究就业规律和创业政策，总结有效的创新创业方法和技巧，从成功案例中总结创业者的必备素质，加快构建创新创业教育理论体系，编写出实用的教材。

（1）促进创新创业教育学科发展，构建师资培训平台。由具有创新创业教育研究经验的专家建立创新创业教育学科，不仅可以促进创新创业教育的发展，提出有利于创新创业教育实行的教学方案，而且可以培养出理论知识渊博和具有创业实践本领的专业人才。

（2）搭建创新创业教育教师进修培训平台。创业所需要的知识包含社会学、政治学、经济学、管理学等多个范畴，大学创新创业教育与社会学、政治学、经济学、管理学等学科以及思想道德教育都相关联。优秀的教师队伍对大学生创新创业能力的培养起着关键的作用。但是当前高等学校既有创新创业理论知识又有创业实践经验的专业教师十分稀少，大多数教师都只是接受了短期的相关教学培训，只能传授基础的创业知识，实践经验不足。如果只传授基础知识，是不能培养大学生的创新创业实践能力的，这是影响高校创新创业教育深入发展的难点。所以，提升创新创业教育教师质量、组建优秀的教师团队是迫切要解决的问题。在开展创新创业教育的初期，可以为教师提供进修培训的机会，让他们参加一定的基础知识理论培训，以充分适应创新创业有关科目的教学要求。为了提高教师的能力，可以鼓励教师参加国家级的创新创业培训会、地区论坛会、研讨会，选派优秀的教师出国访问学习。为了丰富教师的创业经历，可实施产学研一体化模式，让他们参与到企业的经营管理中去。

2. 兼职教师队伍建设

除了组建一支知识广博的专职师资队伍外，还需要建设一支实践经验丰富的兼职教师队伍。兼职教师队伍需要具有创新创业能力的人员加入，高校可聘请国内外具备创新创业实践经验和理论知识储备丰富的全能型人才，例如企业家、创业成功者等。他们作为高校创新创业教育的兼职教师，主要以开展专题讲座的形式教育和指导学生，提供直接经验，让高校学生能够了解到更多有效的经济管理知识和方法，提高学生创新创业的热情和能力。

由于本校可能存在专业教师不足的情况，高校可以联合本区域其他大学建立创新创业教育专业教师资源库，构建区域创新创业教育教师共享机制，以开放的心态全面机动地利用本地区优秀的教师资源。这不仅能够解决师资缺乏的问题，而且可以充分了解到其他高校创新创业的优点和特征，提高本校创新创业教育水平。区域创新创业教育教师共享机制的建立，可以加强区域内各校教师的交流讨论和相互影响，对提高区域创新创业的教育水平有巨大的推动作用。高校作为带头人，应努力构建创新创业校外教师聘请制度，联合本地区政府和企业，建立创新创业教育校外实践基地，聘请有丰富经验的公司职员及政府职员来担任实践基地教师，承担传授学生创新创业实践能力的责任，教授学生如何将创新创业理论知识与实践相结合。

（二）加强创新创业教育师资建设

教师是开展学校创新创业教育的主体之一，负担着培育人才和提升大学生创新创业实践能力和创业积极性的责任。一个国家和地区的教育水平，从根本上取决于教师队伍的整体素质。没有一流的教师，就培养不出一流的人才；没有高水平的师资队伍，就办不好人民满意的教育。创新创业教育教师团队的质量会对创新创业教育产生重大影响。组建一支具有创新思维、实践经验和专业理论知识丰富的教师团队是确保创新创业教育教学效果的核心。借鉴国内外高等学校创新创业教育教师团队建设的先进经验，并联系我国自身情况，可以从以下几方面来提升创新创业教育教师团队的质量。

1. 设定严格的创新创业教育教师的聘用条件

目前，我国高校还没有专门的创新创业教育专业，为了确保创新创业教育的正常开展，主要由主管大学生就业部门的教师和一些经济管理学院的教师担负创新创业教育的教学工作。其实，大部分教师没有接受过长期的创新创业教育培训，并且几乎没有创新创业经验。所以在组建创新创业教育队伍时，可以在学历、专业、创新创业经验等方面设立严格的准入条件，既看重创新创业教育理论知识，也看重创新创业实践能力，还需要考察最基本的思想道德品质，提高入选门槛，挑选出一支高质量、优秀的教师团队。

2. 完善创新创业教育教师团队结构

首先，学校应该建立创新创业教育教师培训制度，尽力为创新创业教师提供优质的学习环境。如可组织教师参加国内外培训活动并鼓励他们去企业挂职获得实践经验。其次，充分利用本校各专业教师资源，组建一支拥有不同专业知识的教师队伍来开展教学活动，使创新创业教育师资团队结构更趋于合理化。再次，重视挑选和培养优秀的创新创业教师。依据严格、公平的准入条件，选拔出一支高水平、高质量的优秀年轻教师队伍。最后，组建一支经验丰富的兼职教师队伍，聘请创业成功者、企业职员、风险投资者、经管类专家等担任兼职教师，向学生传授创新创业实践经验和技能。

3. 强化教师培训，构建系统的创新创业教育师资培训制度

优秀的教师团队是创新创业教育的基础，挑选和培训教师是组建高水平师资队伍的唯一办法。创新创业教育对教师设定了更高的条件，教师需具备创业基础知识、创业经历和创业能力。强化创新创业教育教师培训、提高教师的综合素质是促进创新创业教育深化发展的关键。教师团队需要从目前的知识型、传授型向创新型、多样型转变，需要重点训练教师的创新思维和实践技能，让他们探究出提升学生创新意愿和思维能力的办法。一方面要鼓励教师"走出去"。即选拔优秀的教师与企业一同参与创业实践或者独立创业，让教师将理论和实践充分联系起来，提升其教学和实践的综合能力。另一方面，要尽力探寻多种创业实践活动，强化国内外创新创业的交流和探讨。教师需要接受全面的专业化培训，具备创新创业知识，另外还需要参加各种研讨交流会、成功案例分析会和创业经验会，全方面提升能力。

4. 构建系统化的创新创业教育培训制度

一方面，要扩展创新创业教师的培训途径。各高校可以定期邀请国内外专家学者在学校开展创新创业教育专题讲座，为本校教师和外校教师更好地进行交流学习提供更多的机会，让本校教师学到更先进的教育理念和经验；每年选派优秀骨干教师参加国内外举办的创业研讨会和培训会，让他们学习到目前最新的创新创业教育理论知识和与创业有关的一线动态。另外，挑选优秀教师并让他们到企业挂职工作，坚持理论和实际相结合的原则，利用具体实践项目、企业运作管理等工作，获得创新创业实践经验，然后将其在企业实践中学到的知识传授给学生，不断丰富教学内容。另一方面，增加培训强度，提升师资队伍的整体质量。首先，要与时俱进，定期更新创新创业有关理论知识，并扩展教师多方面的专业知识，如经济、管理、法律等方面，提高其综合素质，培养教师综合运用各种知识的能力。其次，鼓励教师研究创新创业教育理论，例如当前就业形势、创业的现状与难点、如何将理论与实践相结合的研究。在探索过程中，逐步健全创新创业理论，培养教师创新思维能力。最后，提高教师的创新创业实践能力。为了丰富教师创新创业实践经验，高校应该为教师创造更多的实践条件，尽力解决他们在创新创业实践过程中碰到的问题，提高教师的创业积极性，让所有的创新创业教师都敢于创业和实践。

5. 做好教育队伍管理的激励机制建设，完善教师考评和激励体制

第一，对教师进行职业品德教育，提高其创新创业教学的积极性、主动性和责任

意识。不但要多开展教师培训会，强调创新创业教育对国家未来发展的重要性，强调此工作需要很明确的责任态度；而且要借助网络、校报期刊、横幅、微信推送等宣传形式，营造一种积极的创业氛围，由此增强大家对创新创业教育的认同感，提升教师工作的成就感。

第二，依据创新创业教师的教学特点，把创业讲座、创新创业实践指导、解答创业咨询等工作换算成教学工作量。在绩效考核中，要明确教育质量管理组织结构，制定重要教育环节质量管理标准与教学管理制度，健全教育质量保障分析系统与质量反馈信息处理系统，构建人才培养质量控制模式。教师作为高校创新创业教育中的主导者和引导者，必须提高他们的综合素质，提高他们的实践能力，并把教学质量和创新创业实践相结合；要加大对创新创业教育的考评，教育考评应综合考虑教学水平和创业教学能力，在某种意义上消除"纯学术学者"，让教育团队从如今的知识型、传授型向创新型、多样型转变。

第三，绩效考评要依据创新创业教育的特点，综合运用定性与定量的办法考查教师的创业意识、研究能力和教学水平等。教师参加创新创业教学与探究是绩效考核最基本的要求。高校应制定明晰的激励制度，向取得优异成绩的教师提供物质奖赏和精神奖励；并提供实践基地和资金支持给从事创新创业教育研究和创业实践的教师，以吸引高质量的师资力量和确保创新创业教育的顺利开展。

二、质量管理保障体系

教育改革发展的关键任务是努力提高教育质量。高等院校可以组织创新创业质量保证领导负责小组和专家小组，利用行政力量和学术权威，协同保证创新创业教育质量。要建立行政和学术体系下的教育质量保障体系就需要对创新创业教育质量进行深入评价和剖析。构建高等院校创新创业教育质量评估制度，是创新创业教育质量管理保障体系的重中之重。教育质量保障不仅包括创新创业教育师资、物资等保障，还包括创新创业教育的教学成效保障。在此基础上，本书认为，要建立以加强创新创业教育评估为焦点的创新创业教育质量管理保障体系，按期考评高等院校创新创业教学组织状况与教学成效，随时监测并对其实施情况进行考评，为提高教学质量提供科学依据并充分利用各种资源。

（一）创新创业教育教学组织评估

高校创新创业教学组织情况的评估主要集中于考评高校对创新创业教育的重视程度和各方面投入情况。评估高校创新创业教育教学组织情况是完善教育改革和提高教育质量的前提。创新创业教育教学组织情况评估的关键是选择科学的评估指标，一般来说，选择考评标准可以参考投入、过程和效果。对投入的考评标准主要涉及创新创业教育的各方面投入状况，包含政策保障、教师队伍投入、资金投入、管理人员投入、基地建设投入等方面；对过程的考评标准主要涉及创新创业教育具体课程安排、教学方式、教学服务保障、组织管理等方面；对成果的考评标准主要涉及学生理论学习成绩、能力状况、实践技能等方面。鉴于对高等学校创新创业教育组织情况的评估主要考评高校对创新创业教育的重视程度和投入，所以本书选择了以下几个评估指标。

1. 政策保障方面

政策保障现状不仅表现在高校对创新创业教育的行政支持，例如是否组织由学校领导带头的创新创业教育任务领导小组，及时处理与创新创业教育有关的各项工作；还表现在高校对此类教育的学术支持，例如是否构建创新创业教育学术研究的激励制度，是否组建创新创业教育专家小组，为创业教学质量的提高提供坚实的政策基础。

2. 教师队伍投入

教师队伍投入情况不仅表现在本校创新创业教育专职教师和兼职教师的人数，而且表现在优秀教师占全部教师的比例，包括博士学位教师比重和正、副教授比例。

3. 资金投入

创新创业教育能否顺利开展，资金投入很关键。高等院校创新创业教育资金投入由两部分组成：一是基础资金投入即创新创业教育研究资金的投入，二是重点资金投入即创新创业开展教学活动的资金投入。其中，开展教学活动的经费主要包括显性课程和隐形课程管理运行的资金投入，也包含对优秀人才投资的花费，例如补贴优秀学生参加创业实践比赛所需的花费、创业项目研究经费等。

4. 管理人员投入

创新创业教育管理人员范围很广，包括创新创业教育体制中除了教学老师以外的所有人员，他们主要从事创业教育的隐性课程的相关工作。对组织管理人员投入情况的考评主要有：是否建立专门的创新创业教育管理机构，管理创新创业教育的职员数目等。

5. 基地建设投入

基地建设包括创新创业教育理论研究基地和创新创业教育实践锻炼基地。理论研究基地建在校内，学生在这里学习理论知识，是学生研究理论的主要地点。实践锻炼基地是提供给有创业意愿学生实践锻炼的重要场地，一般在校外，主要由高校联合政府和企业建立的。基地建设投入的考评标准包括软件标准和硬件标准。软件标准包含基地配有的理论教学教师和实践引导教师，硬件标准包括创业教育基地的数量和基地能容纳的学生人数等。

6. 教育课程安排方面

高等学校创新创业教育的显性课程包括大学必修课、选修课或者辅修课，这些课程能让学生获得创新创业教育的基础理论知识；另外也包含专业课程、思想道德教育、通识课程等课程，以利于提高大学生创新创业的能力。应该确定科学合理的创新创业教育显性课程，课程内容应涉及创新创业理论知识、创业技能要求、目前创业形势等，从传授基础的理论知识到提高学生的创新创业能力再到让学生了解创业的价值所在，最后培养创造性思维和激发大学生创新创业的积极性。隐性课程并不是传统的课程规划中的大学课程，它借助学校文化和学习环境来产生影响，事关学生综合素质的提升和身心健康的发展。高校创新创业教育隐性课程是在课外开展的，需要学生从本校学习氛围中学到创新创业相关知识。创新创业教育隐性课程不同于显性课程，具有两个特征：一是形式更加多样，显性课程主要采取传统的教室教学方式，而隐性课程则要借助一些课外活动，参加这些活动能学到创新创业的相关知识和提高创新创业实践能力。隐性课程的形式非常丰富，如参加创新实践比赛、参与社团组织、加入课外实践锻炼等。二是学习过程更加轻松，创新创业隐性课程把有用的创新创业知识、实践能力等放入具体场景中，通过活动展现出来，使大学生能够在轻松快乐的环境中获得知识，并能提高学生学习的积极性。

7. 教学方式方面

高校为了培养出具备较高创新创业意愿、熟知创新创业理论知识和掌握实践能力的学生，在教学中采用各种办法将教学目标转变为教学成效。本书认为创新创业教学应采用传授与启发研究相结合、理论与实践相结合、实践教学、理论传授法、案例教学法、研究型教学、启发教学法等教学方式。

8. 服务保障方面

良好的创新创业教育质量离不开完善的创新创业教育服务保障体系。完善创新创业教育服务保障体系需要做到以下三点：第一，创建大学生创新创业指导服务中心。指导服务中心一方面可以向创业实践队伍提供经费、场所和人才等支持，另一方面搭建可以强化大学生与企业之间联系的平台。所以，各高校应结合本校具体情况，设立专门的创新创业指导服务机构，对正在创业的学生和创新项目提供一对一的帮助服务并给予及时指导，时刻关心他们的发展。对于创业失败的学生要帮助分析问题找出对策，鼓励他们继续努力。第二，强调创建创新创业教育实践基地的重要性。高等院校应为学生提供一个将想法转为实际的场所，构建完善的、设施齐全的创新创业教育实践基地。建好创新创业教育实践基地后，要充分利用其实践功能，向全校师生宣传，扩大受益群体数量并进一步规范其管理制度。第三，创建创新创业教育信息化服务平台。学校应充分利用网络和图书馆强大的信息宣传作用。如可以在图书馆设置一个为同学们提供创新创业教育系列书籍的专门书架，书架上面摆放整理好的有关创新创业方面的书籍和期刊，而且实时更新有关创新创业类的文献资源，让师生享受到各方面的信息服务。此外，当前是"互联网＋"的时代，人们获取信息的重要途径是网络。高校应构建网络化的信息服务平台，让师生更加方便快捷地获取到更多和更加准确的最新创新创业政策、相关讲座、典型案例、实践企业等资源，充分发挥图书馆和网络的学习功能。

要想充分了解到高校创新创业教育开展的现状，就必须设定创新创业教育组织情况考评标准，这不仅有利于完善需要加强的方面，促进高校创新创业教育健康发展，还能促进创新创业教育理论研究和创新创业实践的发展。借助创新创业教育评估标准，进行纵向比较可以看出高校对创新创业教育的投入和重视的变化情况；进行横向比较可以了解不同高等院校开展教育的情况，借鉴其好的办法，为本校领导制定创新创业教育政策提供宝贵建议，也能为所在地甚至全国制定教育有关政策提供现实依据。

（二）创新创业教育教学效果评估

开展创新创业教育是为了帮助高校学生增强创新创业意识和提高创新创业能力，让他们树立正确的价值观并积极主动地尝试多种行业的创新创业。增强学生的创新创业意识、提高学生创新创业能力是实现创新创业教育目的的关键所在。开展的所有教学活动是否达到教育的目的、能达到何种程度便是创新创业教育的教学效果。简单地说，评估教学效果就是判定参加过创新创业教育的学生的创新创业的意识、积极性和能力是否强于未参加的学生。所以，大学生创新创业教育教学效果必须和创新创业教育目标相对应。

鉴于直接评估大学生创新创业意识和创新创业能力比较困难，为了更加科学合理地评估大学生的创新创业意识和创新创业能力，本书提出创新创业意愿和创新创业自我效能感两个概念。创新创业意愿指的是学生是否有创新创业的想法和主观态度，反映了大学生对创新创业的积极性高低。与目前的高等教育系统中的专业教育不同，高等学校创新创业教育是帮助学生树立正确的价值观、增强他们创新创业的积极性并让他们有信心参与实践创业活动，是培养大学生创新性、独立自主创业意识的教育。高等学校创新创业教育在讲授创新创业理论知识的基础上，还要丰富教学形式和更新教学方法，开阔学生的思维，增强他们的创新创业意愿，培养他们的创新性思维和主动性意识。对每个大学生来说，培养他们创新创业独立主动的意识是为了使他们形成独立、创新的思维，帮助他们明确自己的主体角色，激励他们充分发挥个人主动性和潜力去提升自己的价值，获得显著的进步和发展。

创新创业自我效能感是基于美国心理学家班杜拉在1977年提到的自我效能感而

产生的。班杜拉认为，自我效能感是个人对自己是否可以完成一件事的估计和判断。自我效能感对于很多领域都适用，只是不同领域的含义各不相同。创新创业自我效能感是它在创新创业领域的运用，其具体含义是个人对自我是否可以实现创新创业目标的判断，反映了个人对自我创新创业能力的肯定程度。高校可以通过设计问卷来测量个人创新创业意愿，反映个人对自我创新创业能力肯定程度的创新创业自我效能感，反映大学生的创新创业积极性和创新创业能力，从而评估创新创业教育教学的成效。还要对参加过创新创业教育有关课程学生的测量结果进行性别、年龄等基本变量的差异分析，探究不同年级、年龄、家庭环境和背景、专业、性别等大学生在创新创业教育课程中的学习状况。根据这些数据分析情况，针对不同学生制定不同的创新创业教育形式，提高创新创业教学质量。

三、制度环境保障体系

尽管教育环境对教育的影响是潜在的、间接的，但它对教学效果产生的影响是不可小觑的，是高校创新创业教育协同机制保障体系中必不可少的一部分。日本学者细谷俊夫在 20 世纪 30 年代出版的《教育环境学》中，具体阐述了自然环境、社会环境和精神环境对教育产生的影响。创新创业教育环境是指营造良好的学校创新创业氛围和支持创新创业教育发展的制度环境，是全校师生身处校园中可以感受到的有关创新创业的意识形态、价值规范。教育环境包含学校基础设施，例如教学楼、图书馆、食堂、宿舍楼等；学校环境构造包含绿化设计、建筑风格、校园规划等；学校规章制度包含管理制度、发展规划等；精神文化包含校史、校训、学习风气等。高校创新创业教育制度环境保障体系是指创造一个有利于开展创新创业教育的环境的一套保障体系。

（一）高校创新创业教育环境的作用分析

简单地说，营造良好的高校创新创业教育环境的作用是推动高校创新创业教育顺利开展，保证全校师生在校园中感受到利于其创新创业能力提升的教育的意识形态，提高创新创业教育管理效率和教学质量，提升大学生参加创新创业教育的学习成效。本书认为教育环境的三个作用对高校创新创业教育环境中的全校师生产生着巨大影响。

1. 教育环境的价值引导作用

新一代的大学生一方面更倾向于关注具有新时代特点的新颖观念和事物，并能更快接受；另一方面，大学生正处于青春期，心理还不成熟，他们的意识形态还没有定型，很容易受周围制度环境的影响。针对大学生群体的这些特点，应充分发挥教育环境的价值引导作用，在学生身处的环境中宣传创新创业的价值观念和意识形态，将有利于培养其创新创业意识和精神，有助于提升大学生对创新创业的积极性，从而间接影响创新创业教育教学的成效。教师们重视自身的发展，并能认真遵守学校管理制度和贯彻学校有关政策，能帮助营造一个支持创新创业教育的制度环境，对开展创新创业教育教学活动产生积极影响。另外，将创新创业有关要素融入学校学习氛围中，也可以增强教师创新创业教学工作的责任感，为教师开展创新创业教学活动形成价值引导。

2. 教育环境的目标引导作用

教育环境的影响一般是通过学校宣传、学校活动、规章制度、校风校训等，这些都由高校主动组织，体现了本校的教学和培养目标，所以教育环境具有明确的目标引导性，能够对全校师生起到引导功能。教师和学生更加偏向将高校发展目标和学生教育目标紧密结合，所以教育环境中高校的目标引导作用会使个人的意识形态发生变化。一旦把创新创业教育的思想观念等利用校园的目标引导功能融入高校教育环境中，将会逐步使全校师生转变目标直到与高校目标一致，进一步提高创新创业教育中学生学习和教师教学的热情。

3. 教育环境的资源集合作用

教育环境不仅具有价值引导和目标引导的作用，还可以汇聚潜在的校园共识，提升教师对创新创业教育教学与学生创新创业教育学习的成就感和认可感，在学校中形成一股强大的凝聚力，指引身处教育环境中的领导者、管理者、教师和学生全部投身到创新创业教育中，为创新创业教育的顺利开展集合重要的物质和人力资源，保证创新创业教育各个环节稳定发展。

（二）高校创新创业教育的生态学分析

高校创新创业教育环境包括物质方面和精神方面，不仅能影响教师和学生，还能影响到创新创业教育的教学内容、教学形式、教学方法、教学过程和教育观念等，涉及范围广泛，相互之间关系复杂。为了防止以单视角和孤立地看待和探究高校创新创业教育环境保障体系，本书借鉴环境生态学的有关概念，把高校创新创业教育环境看作是内外要素相互影响的生态系统，关注此系统中的物质和精神各方面，从生态学的角度来分析高校创新创业教育环境。

高校创新创业教育生态系统是由创新创业教育主体和创新创业教育生态环境两大部分组成。创新创业教育主体即创新创业生态系统中的实施者和接受者，实施者是指高校开展创新创业教育中的负责部门、教学机构、研究部门和师资队伍，实施者的行为活动在创新创业教育生态环境中的具体载体为创新创业教育课程、活动、教学计划等；接受者是指参加创新创业教育培训的学生，他们从实施者提供的所有教学服务中选择自己需要的教育服务。创新创业生态环境不仅包含物质方面的环境，例如校园环境、基础设施、建筑风格、教学设施等，还包含精神方面的环境，例如学校文化、学术氛围、校训校风等。高校创新创业主体之间关系密切，创新创业教育中的实施者和接受者通过教学活动、教育管理制度等结合在一起。这种联系不仅包含实施者对接受者提供教育服务，还包含接受者对实施者的效果反馈。创新创业教育生态环境是通过和主体密切相关的敏感因子（美国学者里格斯第一次提出）来影响主体，该影响会导致实施者提供的教育服务的质量和数量发生相应的变化，也会造成接受者对实施者所提供的服务的效果评价的变化；创新创业教育主体可以采用实践的办法逐步健全创新创业生态环境。

（三）高校创新创业教育环境保障体系的构建

良好的创新创业教育环境会对教师和学生的意识形态产生积极的影响，恶劣的创新创业教育环境会对教师和学生的思想产生消极的影响，并且只要教师和学生身处在此环境中，该影响会不断发生作用，所以高校创新创业教育环境对创新创业教学的成效有着至关重要的作用。依据创新创业教育的特征，全方面理解创新创业教育环境的生态学概念，本书认为构建创新创业教育环境保障体系必须保障体系的协调性。高校创新创业教育涉及很多方面和很多要素，是一个复杂且综合的系统。创新创业教育环境与其环境中的实施者和接受者之间存在相互影响和相互作用的关系，要保证高校创新创业教育的顺利开展，就需要保证整个教育环境的协调和稳定发展。在构建高校创新创业教育环境保障体系时，一旦过分强调物质方面环境的建设而忽视精神方面环境的建设，有可能造成推动高校创新创业教育实施的内生动力不足；一旦过分强调精神方面环境的建设而忽略物质方面的建设，有可能造成高校创新创业教育实施缺乏载体，因此要协调好物质方面和精神方面的环境建设，注重合理配置资源，保证双方共同进步。根据协调性的要求，本书提出以相关政策为导向、以环境监测为方法、以资源配置为重点、以教学研究为基础，构建双向发展的创新创业教育环境保障体系，分别从物质方面和精神方面共同推动高校创新创业教育环境保障体系的建立。构建创新创业物质环境是为了保证创新创业教育的顺利实施，构建创新创业精神环境可以提升创新创业教育的成效。

第一，制定创新创业教育激励政策，提出卓有成效的激励策略，对创新创业教育体系中的管理人员、教师等出台相应的鼓励政策。例如从职称评定、职位晋升、绩效奖金等方面提高其积极性。制定对创新创业教育体系中的管理人员、教师等的鼓励政策可以从考评其对创新创业教育物质方面和精神方面环境构建的功劳入手。对创新创业教育体系中的学生通过记录学分、奖学金、荣誉奖励等方式调动学生的热情。通过鼓励创新创业教育生态系统中的实施者和接受者，加大对创新创业教育服务的供给数量，提高服务质量以达到接受方的需求，坚持供需平衡的原则，促使供需双方共同努力向更好的方向发展。

第二，加大对创新创业教育环境的监管和检测，实时了解教育环境现状。创新创业教育并不是一项短期工作，而是一项贯穿整个培养过程的任务。针对此项工作，高校必须构建物质方面和精神方面环境的监管和检测制度，组建一支专业的教育环境监测团队，利用实地访问、问卷调查、个别访谈等方式，多方面地了解物质和精神环境的现状，实时告知创新创业教育管理部门和研究部门，并针对不同的情况提出相应的解决办法，保证教育环境能长期有效地促进教学活动的实施。创新创业教育环境的监管和监测工作不仅包括物质方面的环境，还包括精神方面的环境，物质方面环境的测评主要通过实地访问和调查的办法，精神方面环境的测评主要通过分析问卷调查数据和个别访谈的办法。

第三，合理配置创新创业教育资源，合理设计环境建设投入。创新创业教育的资源分配要遵循合理、科学的原则，防止不科学、整体协调性不足的资源配置形式。要做好统筹规划，对创新创业物质方面和精神方面的环境建设的投入做出合理的考评和估计，避免出现资源分配中的资源浪费和资源不足的现象，重视创新创业教育环境的稳定协调发展。对于具体的创新创业教育资源分配需要专门的管理机制，要构建配置资源的事先计划、事中调整、事后评价这三方面的保障体系。事先计划主要是提前估算资源投入和具体配置情况，事中调整主要是指依据对物质和精神方面的资源投入的实际情况做出适当的调整，事后评价主要是利用相关数学统计方法剖析和评价创新创业教育物质和精神方面的投入资源和产出效果。

第四，加强创新创业教育科研工作，事先预估教育环境风险。不同于其他的教育，创新创业教育是现代才兴起的一种教育类型，目前国内对创新创业教育的探究还不足。强化对创新创业教育的研究，更加深入认识到创新创业教育环境中影响创新创业教育中的实施者和接受者的因素，剖析出这些因素分别对创新创业教育实施者和接受者产生何种作用，从而可以事先了解到创新创业教育环境中会对教学成果产生不利影响的因素，然后提出具体的风险防范措施和解决对策，为营造良好的教育环境建立一个专业的智囊库。加强创新创业教育科研工作主要利用课题招标与成效考评两种办法。课题招标即根据本校创新创业教育实际开展情况和发展方向等策划科研课题，然后向所有有关创新创业的教师公开招标，积极为教师们提供创新创业方面的科研资源；成效考评即公平科学地考评从事创新创业教育的管理工作人员和教学老师在构建良好的创新创业教育环境中所做的贡献和科研成绩，鼓励管理人员和老师们注重构建创新创业教育体系。不管是公开招标还是成效考评，都一定要协调物质和精神两个方面。

（四）高校创新创业教育环境保障体系的其他要素

为了保证创新创业教育成功实施和顺利开展，需要构建一个能促进社会发展和学生自身进步的科学、合理的保障体系。保障体系的构建不仅能推动创新创业科研的发展，还可以为创新创业教育指明发展的方向，提供改进的方法，保证其可持续性发展，并充分运用到社会上，将其付诸实践，促进社会的发展。本书分别从政府、社会、企业和家庭这四个角度，以高校创新创业教育的特征为基础，来阐述应该如何构建良好的教育环境，完善创新创业教育环境保障体系。

1. 政府的政策支撑

政府是出台政策的部门，政府在高校创新创业教育保障体系中起着引导、扶持和鼓励的作用。高校创新创业教育活动的实施和学生的创新创业实践都需要政府的政策、资源、经费与社会服务部门的支持。

第一，政策法规支持。政府有关机构在出台政策法规时，要多方位地了解高校创新创业教育，不能仅从促进学生就业这一个方面来理解此教育，应该满足市场经济的需要，并为大学生提供有利于其创新创业发展的环境，出台相关的鼓励支持政策。如果缺乏政府的政策法规支持，创新创业教育无法真正贯彻执行。具体而言，需要进一步强化有关法律法规政策的制定，为创新创业教育的顺利开展提供法律支持。相关机构可以精减大学生创新创业批准手续，从而提高其审批效率并出台相关的减免税收等优惠政策，安排有关机构负责创新创业培训指导、政策咨询、后续指导等服务工作。高校创新创业教育的成功开展离不开政府在政策法规上的大力支持。所以，健全创新创业政策法规支持体系必须充分利用政府宏观调控的作用，为创新创业教育提供适宜其发展的政策环境。具体来说，首先，制定有关创新创业教育的政策，政策应具有针对性、具体性和实践性，不能泛泛其词。其次，整理已经出台的有关创新创业教育的政策并将其归为一类，公布在统一平台上，确保政策的完整性和连续性。依据目前的创新创业现状，需要政府在已颁布政策的基础上进一步更新创新创业教育政策法规和具体内容，例如健全创新创业教育开展的目标和具体措施等，推动创新创业的发展。最后，构建创新创业教育政策的监督体系。一方面，通过多媒体等媒介向人们宣传创新创业教育政策。充分发挥网络、电视、广播、报纸等媒体来公布和推广最新的创新创业教育政策，利用多种媒体可以扩大其宣传范围，另外，聘请专家学者为大家具体讲解和深入剖析创新创业教育有关政策的内涵，使相关受益者可以迅速、精准、全方位地掌握到政策内容。另一方面，高校、政府、企业之间要构建协调运行体系，明确政策的领导机构，领导机构主要负责各机构之间的联系工作和协调它们之间的关系，实时监督创新创业教育政策的开展现状并按时反馈信息，不断完善创新创业教育政策。

第二，经费支持。剖析限制大学生创新创业的因素，可以看出启动经费和后续经费的不足是限制创新创业教育活动顺利开展的最重要的原因。经费是实施创新创业教育实践的关键因素，所以，政府要加强创新创业教育的经费投入，创建更多的创业基金，以此来帮助大学生创新创业。政府应率先投入资金，为大学生提供贷款金额，加大对大学生创新创业小额贷款资金的扶持力度，扩展贷款的人数影响范围，鼓励大学生创新创业，为他们解决资金的后顾之忧。另外，还要加强对高新技术产业的支持力度，要对其给予特殊的和优先的扶持。

第三，免费培训指导。政府要加强对大学生创新创业能力的培养，组织相关机构负责培训工作，提供学习场所、能力培训、政策及技术咨询等免费服务。邀请国内外成功企业家、高校经验丰富的教授、政府相关部门经验丰富的职员等担任大学生创新创业指导教师，利用教学、咨询、答疑、案例分析等方法向他们传授相关的创新创业知识和技能，旨在扩展他们的创新创业的理论知识和提高他们的创新创业实践能力。

第四，建立创业教育中介组织。政府应大力支持多种模式的非营利机构，加强对大学生灌输创新创业教育的理论知识和进行实践引导，营造良好的创业环境，鼓励大学生创新创业。例如，规划专门的创新创业实践基地，由政府有关机构和相关教育科研机构组建权威的创新创业教育科研机构，大范围地展开创新创业教育研究，构建我国创新创业教育基础理论机制，在全国各高校开展创新创业教学活动。动员社会力量构建独立的创新创业民办教育机构或与高校合作实施创新创业教育。大力支持大学生教育中介组织建设大学生创新创业实践场所和基地，使其成为大学生在创新创业过程中和寻找有关企业支持、经费赞助和政策法规咨询的沟通纽带。在构建纽带的同时，评估大学生创业所需要的资金，帮助其申请政府小额贷款，负责大学生创业贷款担保，减轻政府的负担；并为高校的创新创业教育给予一定的帮助，分担教学压力，有效监督教育的实施状况，能公平地考评创新创业教育的开展情况。

2. 社会的舆论支持

营造一个良好的社会环境才能保证创新创业教育的顺利开展。我国历史悠久的传统文化对培育创新创业人才起着至关重要的影响。在继承和弘扬优秀传统文化时，要取其精华去其糟粕，营造一个积极主动、激励人们创新创业的社会氛围。并且运用一定的舆论手段引导社会树立人才评估观念，强调创新创业社会风气的重要性。利用政策法规的出台鼓励大学生积极创新创业和保护创新成果，出台创新创业鼓励政策和人才培育政策等，全方面促进良好的创新创业风气的形成。要向全社会推广创新创业教育，就必须要构建一个以政府为主导、高校为主体、社会各界宣传和推广的创新创业教育新局面。可以利用网络、电视、报纸等宣传媒介，充分调动大家的创新创业积极性，让创新创业成为全社会的广泛共识，让创新创业教育成为社会的义务、高校的职责、家庭和个体的自发行为，构建一个利于创新创业教育发展的环境，促进创新创业教育的实施。在社会方面，充分利用好社会的关键力量，搜集优秀的社会资源，营造一个利于创新创业教育发展的社会环境。此项工作的顺利开展也离不开中介组织、企业的共同参与，例如政策指导、咨询等工作就需要它们的帮助。

3. 企业的合作支持

创新创业教育不单单指学校提供就业服务，其目标不仅只是提高大学生自主创业的积极性与创新创业能力，企业在创新创业教育过程中也起着举足轻重的作用。高校创新创业教育包含理论知识培训和创业实践指导，实践指导是必不可少的步骤，这一步骤离不开企业的支持。企业可以为大学生创新创业教育的实施提供方法指导、实践场地、经费资助、项目等支持。如今大部分高校在创新创业教育的过程中都得到了企业的帮助，但更多利用的是企业的宣传作用，而缺乏对大学生的真正实践指导、项目支持。假设企业不仅提供经费支持，还提供实践场地并对大学生进行项目指导，全面支持创新创业教育，这样会促进创新创业教育的开展，也有利于企业自身的长久发展，互利互赢。所以，高校应该和企业保持长久稳固的合作联系，企业可以安排一些经验丰富的职员担任高校的兼职教师，为开展创新创业教育提供更多的机会；大学生可以在企业里实际操作一些创新项目，学习到创新创业实践经验。另外，企业可以发挥其宣传作用，运用其社会影响力，来改变社会和家庭对大学生创新创业的不看好态度，帮助大家重新认识创新创业教育，肯定其带来的积极作用，进而为创新创业教育的实施营造良好的气氛。

4. 家庭的支持

家庭对大学生成长起着重要的作用，深刻影响着他们的世界观、价值观和人生观，是大学生的经济和精神支柱。大学生的创新创业活动不仅需要具备理论知识、创新思维、实践能力等，还离不开家庭的积极支持。大学生的就业观、创新创业素质、个人性格会受家庭背景的影响。父母对创新创业的态度会深刻影响到孩子的就业态度，假如家庭看好创新创业，并给予其鼓励，学生的创新创业积极性就会很高；相反，学生的信心会不足甚至放弃创业想法，如果遇到困难就会退缩。所以，高校要努力做好家庭沟通工作，让家长积极配合学校的创新创业教育活动，充分利用家庭教育的功能。当前限制家长支持孩子创新创业的原因主要有：第一传统观念，大多数家长还是希望自己的孩子找个稳定的工作，认为出来创业的孩子会被别人误认为找不到工作；第二资金限制，创新创业需要很多资金投入，对于普通家庭来说，压力较大。考虑到家长的这些观念，高校要组织有关部门安排教师与学生家长进行沟通，向他们解释政府有关创新创业的政策，宣传创新创业的好处，使家长改变传统保守思想、传统的就业观等；意识到大学生既是应聘者又是就业岗位的创造者，慢慢认可并积极配合学校的创新创业教育，尽力创设一个与时俱进的家庭氛围，帮助高校共同培养出大学生勇敢、不怕困难、勇于进取的性格特征；全力支持孩子做自己想做的事情，让他们自由选择未来的发展方向。此外，政府和学校要多和学生家长交流联系，开展家长培训会，特别是对于那些就业观念落后的家庭，可以向他们传授有用的教育方式，使高校创新创业教育和家庭教育紧密结合，还可以帮助大学生和其家长办理创业小额贷款，尽力得到大学生家长的认可和支持，以促进创新创业教育的顺利实施。

综上所述，应该构建以政府为主导、高校为主体、社会积极参加、企业合作支持、家庭全力支持的创新创业教育保障体系，利用网络、电视、报纸等媒介广为宣传，发动社会各方力量，努力促进创新创业教育新的发展，把我国创新创业教育提高到一个新的水平，进一步健全和完善社会主义市场经济。

参考文献

[1]　黄扬杰．数字时代的创新创业教育 [M]．北京：中国社会科学出版社，2022．

[2]　吴文嘉，张廷元，邓华．新时代高校创新创业教育研究 [M]．成都：西南财经大学出版社，2022．

[3]　张翌，程国秀，陈明月．新时代大学生创新创业教育工作研究 [M]．北京：现代出版社，2022．

[4]　方伟，刘锐．中国大学生创业素养研究 [M]．北京：中国青年出版社，2022．

[5]　王东生．新时代高校创新创业教育路径研究 [M]．长春：吉林出版集团股份有限公司，2021．

[6]　李亚美．互联网时代下高职院校德育和创新创业教育研究 [M]．北京：中国商务出版社，2021．

[7]　科学技术部火炬高技术产业开发中心．中国人工智能领域创新创业研究报告 [M]．北京：科学技术文献出版社，2020．

[8]　陈虹．大学创新创业教育 [M]．北京：文化发展出版社，2020．

[9]　邓向荣，刘燕玲．大学生创新创业 [M]．北京：北京理工大学出版社，2020．

[10]　凯蒂·弗格森．霍金传 [M]．北京：北京联合出版公司，2021．

[11]　别敦荣．高等教育管理探微 [M]．厦门：厦门大学出版社，2021．

[12]　吕村．高校教育管理与教学研究 [M]．长春：吉林文史出版社，2021．

[13]　李变，花姬康．创新创业基础 [M]．北京：北京师范大学出版社，2020．

[14]　张娅，黄应强，姚正大．E+创新创业教育 [M]．北京：中国轻工业出版社，2020．

[15]　赵晋．大学生慕课学习意愿的影响因素与形成机制研究 [M]．上海：同济大学出版社，2019．

[16]　许磊．人工智能与创新创业 [M]．北京：电子工业出版社，2018．

[17]　周晓垣．人工智能：开启颠覆性智能时代 [M]．北京：台海出版社，2018．

[18] 王飞."创新+创业+产业"联动 [M]. 哈尔滨：哈尔滨工业大学出版社，2020.

[19] 牛志勇，王丹，江若尘.科技创新与创业 [M]. 上海：上海财经大学出版社，2019.

[20] 杨彦栋，高广胜，王亚丽.创新创业基础教程 [M]. 长春：吉林人民出版社，2019.

[21] 吕爽，张志辉，郝亮.创新思维 [M]. 北京：中国铁道出版社，2019.

[22] 虞新学.创新思维研究 [M]. 北京：中国铁道出版社，2020.

[23] 胡惟璇，刘伟，陈香莲.创新教育与创业基础 [M]. 武汉：华中科技大学出版社，2018.

[24] 张庆英.创新教育与教育的创新 [M]. 北京：中国财富出版社，2016.

[25] 贺腾飞.文化多样性与大学生创新教育 [M]. 北京：北京理工大学出版社，2018.

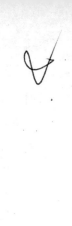